铁马金戈梦

古代将帅往事

冷自泉　编著

沈阳出版发行集团

沈阳出版社

图书在版编目（CIP）数据

铁马金戈梦：古代将帅往事 / 冷自泉编著 . -- 沈阳：
沈阳出版社 , 2022.7

ISBN 978-7-5716-2573-3

Ⅰ . ①铁… Ⅱ . ①冷… Ⅲ . ①军事人物 – 生平事迹 –
中国 – 古代 Ⅳ . ① K825.2

中国版本图书馆 CIP 数据核字（2022）第 126624 号

出版发行：沈阳出版发行集团|沈阳出版社
　　　　　　（地址：沈阳市沈河区南翰林路 10 号　　邮编：110011）
网　　址：http://www.sycbs.com
印　　刷：北京市兆成印刷有限责任公司
幅面尺寸：170mm × 240mm
印　　张：15.5
字　　数：205 千字
出版时间：2022 年 8 月第 1 版
印刷时间：2022 年 8 月第 1 次印刷
责任编辑：马　驰　王雪姣
封面设计：薛　芳
版式设计：睿众文合
责任校对：王玉位
责任监印：杨　旭

书　　号：ISBN 978-7-5716-2573-3
定　　价：49.80 元

联系电话：024-24112447
E - mail：sy24112447@163.com

本书若有印装质量问题，影响阅读，请与出版社联系调换。

目录

目录

第一章　统帅篇

韩信将兵，多多益善

韩信出身于平民家庭，性格放荡不羁。韩信青年时期没有谋生之道，经常依靠别人接济度日，许多人都不喜欢他。韩信的母亲去世后，他穷得都没有钱办丧事。

韩信曾在南昌亭长家混饭吃，一吃就几个月，亭长的妻子十分不满。一天早上，亭长的妻子做好早饭提前吃了，等到吃饭的时间，韩信又去混饭，她也不给韩信准备饭菜。韩信明白了他们的用意，十分愤怒，于是和亭长绝交了。

韩信到城下钓鱼，许多老妇人在这里洗丝絮，一个老婆婆见韩信可怜，一连几十天都给他饭吃。韩信很感激，他对这位老婆婆说："等我以后发达了，一定要好好地报答您。"老婆婆听了很生气，斥责韩信："你一个大男人都不能自食其力，我是见你可怜才给你饭吃，从来没想过你报答我！"

淮阴城中有年轻人看不起韩信，在街上遇见韩信，于是就想侮辱他。年轻人拦住韩信的去路说："你身材高大，喜好刀剑，但是我觉得你是个胆小如鼠的人。你如果不怕死，就用剑来刺我；如果你不敢刺我，那就从我的胯下钻过去。"韩信看了对方好一会儿，最终慢慢俯下身子，从他的胯下钻了过去。街上的很多人看到了这一幕，耻笑韩信是个懦夫。

陈胜、吴广在大泽乡起义之后，项梁也跟着起义并渡过淮河北上，此时韩信投奔了项梁，但是他在部队中没有被重用。项梁被打败后，韩信投奔了项羽，项羽安排他在部队中做郎中。韩信多次给项羽出谋划策，项羽都不听从。刘邦被排挤到蜀地后，韩信离开了项羽投奔刘邦，在他手下做了管理仓库的小官，依然没有被重用。后来，韩信触犯了刑律，按照法律应当斩首，同案的多人都被斩了，马上要轮到韩信了，他看着滕公夏侯婴，说："汉王难道不想得到天下了吗？为什么要杀我！"夏侯婴觉得韩信不同于常人，又见他相貌威武，于是就放了他，并在和他交谈了一番后，向刘邦推荐他。于是，刘邦就安排韩信去管理粮饷。

之后，韩信和萧何经常交谈，萧何十分赏识他的才华。刘邦被项羽封为汉王，从长安到达南郑，路上有多位将领逃走了。萧何多次在刘邦面前举荐韩信，韩信觉得汉王并不会重用自己，于是也逃走了。萧何听人说韩信逃走了，他来不及向刘邦报告，便急忙骑马去追赶韩信。有人向刘邦报告："萧何逃跑了。"刘邦听了大怒。几天后，萧何来觐见刘邦，刘邦责怪萧何为什么要逃走，萧何说："我没有逃走，我是去追逃走的韩信。"刘邦半信半疑："那么多将领跑了，你都没有追，却去追韩信，这是为什么？"萧何说："将领易得，韩信难得。谁想争得天下，都要依靠韩信。"刘邦看在萧何的情面上，安排韩信为将领，萧何坚持要求刘邦要重用他，于是刘邦就拜韩信为大将。于是，刘邦便准备把韩信召来任命他。萧何对刘邦说："汉王经常傲慢无礼，现在拜韩信为大将是一件重大的事情，一定要选一个良辰吉日，正式拜韩信为大将，这样他才会接受。"刘邦同意了萧何的要求。

韩信被拜为大将之后，刘邦问韩信："你有什么治国安邦的良策？"韩信回答："现在只有项羽同您争天下，大王估计一下，您手下兵将的英勇、精良和项羽比，谁更胜一筹？"刘邦沉默了一会，认为自己的兵将比不过项羽的。韩信接着说："我也觉得大王的兵将不如项王的。可是，我曾经跟随项王，我来说说项王的为人。项王一声怒吼，很多人都会吓得腿软，但是他只有匹夫之勇，并且不会任用贤将。项王这个人在小事情上，待人恭敬，话语温和，部将病了，他会同情落泪，并且把自己的饮食分给他；部下有了军功应当封爵时，他却会十分犹豫，他把官印的棱角都磨圆了，也舍不得给别人，这是妇人之仁。现在项王虽然独霸天下，诸侯都向他称臣，可是他却不住在关中，而建都彭城，这违背了义帝的约定。项王还把自己的亲信封为王，这使得诸侯们对此很不满。项王军队经过之处，百姓都惨遭蹂躏残害，所以天下的人都怨恨他。项王名义上是天下之主，但是已经失去了人心！现在大王如果能反其道而行之，任用天下的将才，还会发愁敌人不被消灭吗？把自己的土地分封给功臣，还会发愁他们不忠心于自己吗？现在大王起兵，向东攻打三秦，只要一声号令就可收服。"

刘邦听了韩信的话之后，十分高兴。从此，刘邦对韩信言听计从，并且部署准备出征。韩信的这番言论，也为刘邦制定了东征以夺天下的大战略。

公元前206年农历八月，刘邦乘着项羽进攻齐地（今山东）田荣的机会，决定出南郑（今陕西汉中市东）袭占关中（指函谷关以西地区），然后与项羽争天下。

韩信采取"明修栈道，暗度陈仓"的计策，派樊哙、周勃率军大造声势地修栈道，吸引项羽方人马的注意力，他自己则亲自率军队潜出故道，翻越秦岭，突袭陈仓（项羽所封雍王章邯的属地）。章邯从废丘（雍都，今陕西兴平东南）仓促率军驰援，却被汉军打败，逃至废丘、好峙（今陕西乾县东），汉军分头进行追击，在壤东（今陕西武功东南）、好峙再次打败章邯，将其残部围困于废丘。韩信乘胜连续作战，很快就占领了关中大部，平定了三秦，取得了大胜。

公元前205年，汉军向东出关，殷王司马卬降汉，打败并收服了魏王豹、河南王申阳、韩王郑昌。此后，汉军联合齐王田荣、赵王歇共同击楚。农历四月，汉军在彭城大败，韩信收拢溃败的军队与刘邦在荥阳会师，共同阻击楚兵，并大败楚军，使汉军得以喘息之机。

刘邦采纳了韩信"北举燕、赵，东击齐，南绝楚之粮道，西与大王会于荥阳"的计策，坚持对楚正面作战，同时，他还给韩信增兵三万，让他率军东进，开辟北方战场。韩信与张耳一起引兵东击赵王歇，北击代王陈余，活捉代相夏说。韩信把俘获的精兵补充给在荥阳对楚作战的刘邦，支援正面战场。

韩信和张耳统兵准备过太行山井陉口进攻赵国。赵王与成安君陈余率军二十万在井陉口抵抗，广武君李左车对成安君陈余说："韩信渡西河、掳魏王、擒夏说、血洗阏与。现在他和张耳一起，乘胜准备攻下赵国，军队锐不可当。我听说'千里运粮，士兵就可能会挨饿；到吃饭的时候，才去打柴做饭，军队就不能每顿饭都吃饱！'井陉口狭窄，车不能并行，骑兵不能列队，行军数百里，他们的粮草必然落在后面，您暂拨给我三万兵马，我从小路去截汉军的粮草；我们深挖护营的壕沟，加高兵营的围墙，坚守等待。这样汉军前不能战，退不能回，我军断绝了汉军后路，荒野又没有粮食，不出十天，韩信、张耳就会被我们打败。希望您采纳我的计谋，否则一定会被他们擒获。"

但成安君是一个迂腐的书生，认为自己是正义之师，不能用诡计战胜别人，他说："兵法上讲，有十倍于敌人的兵力就包围它，有一倍于敌人的兵力就与它交战。韩信号称有数万大军，我估计不过数千人而已，且他们千里迢迢奔袭，士兵早已十分疲惫。如果我们不出击，等到有更强大的援军前来，我们怎么对付得了？诸侯们也会认为我们胆怯，会轻易地攻伐我们。"最终，成安君没采纳李左车的计策。

韩信暗中探听到李左车的计策没被采纳，十分高兴。在离井陉口三十里的地方，韩信命令部队驻扎下来。半夜的时候，韩信选了两千轻骑兵，每个人持一面汉军的旗帜，到山坡上隐藏起来，窥视赵军，他告诫将士："我军正面出击，赵军一定会倾巢而出，到时候你们就乘机冲入赵军的营地，拔掉赵国旗帜，竖起汉军的旗帜。"同时，他对将士们说："我们今天就可以打败赵军，然后全军饮酒聚餐休整。"将士们都不怎么相信。于是，韩信又召集将领们进行分析：赵军已经占据了有利的地势，他们没有见到汉军大将的旗帜，是不会轻易主动进攻的。于是，韩信将一万士兵作为先头部队，背靠河水列阵，赵军见汉军摆出只能前进而没有退路的阵势，都高兴不已。天亮之后，韩信派人打起了大将军的旗号，然后击鼓进军井陉口。赵军果然中计，出营迎击，交战许久之后，韩信佯装大败，丢弃旗帜，退到河边的军阵中。赵军见此情形，果然倾巢而出追击韩信。韩信的部队"背水一战"，士兵各个拼死作战，赵军苦战多时也没有取胜。这时，韩信埋伏的两千轻骑兵，快速冲入赵军大营，拔掉赵军的旗帜，竖起两千面汉军的旗帜。赵军难以取胜，想退回大营，结果却见营中遍是汉军的旗帜，以为汉军已经把赵王等人俘虏了，于是军阵大乱，士兵四散逃走。赵将竭力阻止，又杀了多名逃兵，依然不见成效。这个时候，汉军两面夹击，一举打败赵军，在泜水（今河北魏河）斩杀成安君，活捉了赵王歇。

韩信获胜后，诸将一同祝贺，问韩信："兵法上讲布阵是'右背山陵，左对水泽'，将军却背水布阵，还说当日就可以破赵军，当时我们都不信，现在却真的取胜了，这是用的什么战术？"韩信说："兵法中也有'陷之死地而后生'，只是你们没有注意。"诸将听了，都佩服韩信的用兵之术。

韩信对士兵下令捉拿李左车，但是不许杀他，活捉者赏千金。不久，广武君李左车被活捉，韩信亲自上前为他松绑，还请他面东而坐，自己执弟子之礼。韩信特地向李左车请教了如何攻燕、伐齐，李左车说："败军之将不可言勇，亡国之臣不敢语政。我是败军之将、亡国之臣，有什么资格和你谈国家大事呢？"韩信说："百里奚在虞国的时候，虞国亡国了；他在秦国的时候，秦国却称霸了。这不是因为百里奚在虞国时愚蠢，在秦国时聪慧，而是在于国君是否重用他、采纳他的意见。之前，如果成安君听从了您的计策，那么今天韩信我就是赵军的阶下囚了。我是一片诚心向您请教，还望您不要推辞。"李左车回答道："智者千虑，必有一失；愚者千虑，必有一得。即使是犯人的话，你也可以有选择地接纳。我愿说出我的看法：成安君虽然有百战百胜的计策，但是一招失算，最终也导致大败而死。现在韩将军涉西河，虏魏王豹，擒夏说于阏与，一举攻下井陉口，一日之内就打败了二十万大军，杀了成安君，名闻天下。各国的百姓都关注您下令进军的消息，这是您的长处。但是，您的将士疲惫，实际上您已经很难用兵了。现在，韩将军要率领疲惫的大军，攻打燕国坚守的城池，战则不能太久，力量耗尽也不一定能攻克。一旦实情暴露了，燕国就更不会降服了，那么齐国就会固守边境。燕、齐难以攻克，那么楚汉相争的胜负也就分不出来，这是将军的短处。我觉得'北攻燕、东伐齐'的计策不对。兵法上说，善于用兵的人常用己之长击他人之短。韩将军还不如按兵不动，犒劳将士，休整军队，安抚赵地，摆出要攻打燕国的姿态。然后，您派一个能言善辩的人去游说燕国，在燕国面前充分展示您的优势，燕国一定会听从您的。燕降服后，再派人以燕已降汉游说齐国，齐国必然也会顺服。这样，天下的大事就好办了。用兵之道，本来就有先声夺人、再动实际的策略。"

韩信听从李左车的计策，派人去游说燕国，燕国果然很快就投降了。韩信请求刘邦封张耳为赵王，以便镇抚赵国，刘邦也同意了。

　　之后，楚多次派兵攻打赵，赵王张耳和韩信相互来往救援，在救援过程中还安定了赵国的许多城池，他们还发兵支援刘邦。当时，刘邦正被楚兵围困于荥阳，后来刘邦逃跑到宛、叶间，收服英布一起逃入了成皋，楚兵又开始围攻成皋。后来，刘邦逃出成皋向东渡过黄河，他与夏侯婴一起到了修武的汉军军营，他自称汉王闯入大营。韩信、张耳还没起床，刘邦径直进其卧室，拿走了他们两个人的印信和兵符，召集诸侯，调动了诸侯的位置。刘邦夺了韩信、张耳的军队，命令张耳守赵地，命韩信为赵相国，收集赵兵去攻打齐国。

　　韩信带兵东进攻打齐国，快到平原渡口时，消息传来：郦食其已经游说齐国归降了。韩信准备停止东进，蒯通劝他说："韩将军奉诏攻齐国，虽然密使已经说服齐国归顺，但是没有诏令让将军停止进攻。况且，郦食其只是一个说客，凭口舌就能降服齐国七十多个城邑吗？将军统帅数万人马，一年多也才攻占五十多个城邑，将军的功劳反倒不如一个书生吗？"韩信听从了蒯通的劝说，继续渡河击齐。这个时候，齐国已经决定降汉了，因为齐军对汉军没有戒备之心，韩信乘机袭击了齐军，一直打到临淄。齐王田广认为郦食其欺骗了自己，便把他煮了。齐王逃到高密，派人向项羽求救。

　　韩信攻克临淄后，项羽得知消息，便派遣龙且率二十万大军支援齐王田广，两家一起抗汉。有人向龙且献计：韩信大军长途作战，所向无敌，齐、楚两军在本土作战，兵将容易涣散，所以不如以守为攻、以逸待劳。然后，招抚沦陷的城邑，让他们知道齐王还健在，项王大援军已经到了，这样汉军就不能从城邑得到粮食，不战自败。龙且不听，他向来轻视韩信，急求战功，率兵与韩信大军在潍水（今山东的潍河）东西

第一章　统帅篇

摆开阵势。夜里，韩信派人用沙土堵塞了潍水的上流。然后，他率一半军队涉水进击龙且大军，龙且迎击，韩信佯装大败而走。龙且以为韩信怯弱，率军渡江猛追。这时，韩信下令决开潍河塞坝，河水奔流而下，水流太急，使得龙且的大部分军队难以渡过潍河。韩信挥军回头截杀楚军，杀死龙且。东岸的齐楚联军看到西岸的自家军队被歼灭，四处逃散。韩信率军渡河进行追击，楚兵都被俘虏了。齐王田广虽然逃脱了，但是不久后被杀。

韩信平定齐国之后，向刘邦上书：“齐国是个反复无常、狡诈多变的国家，南与楚国相邻，要设立一个齐王来统治，这样局势就会安定下来。我希望做齐王，这样对形势有利。”当时，项羽把刘邦围困在荥阳，形势危急，刘邦看了韩信的上书，十分生气，大骂韩信不救自己竟想称王。张良、陈平劝解刘邦，并对他说：“现在汉军处境艰难，怎么能禁止韩信称王呢？不如乘机封他为王，善待他，好让他坚守一方，否则会发生变乱的。”刘邦这个时候也明白过来了，于是派张良前去封韩信为齐王，调他的军队攻打楚军。

齐国归汉，龙且战死，使项羽有些心恐，他派人去游说韩信，让他反汉与楚联合，三分天下，自立为王。韩信对使者说：“我跟随项王多年，最大的官也才是个郎中，我说的话没人听，我献上的计谋不被采纳，所以我才选择离开项王，投奔汉王。汉王拜我为上将军，让我率数万大军，衣食都要分给我，且对我言听计从，所以我才有今天的成就。汉王这样信任我，我怎么可以背叛他呢？我到死也会不背叛汉王，请你回去替我谢谢项王的美意。”

最终，项羽游说韩信失败了。蒯通知道天下大局的关键就在于韩信，于是他用相人术劝说韩信：“你虽居臣子之位，却有震主之功，名扬天下，这样是很危险的。”韩信有些心动了，但他还是不忍心背叛刘邦，又自认为自己功劳很大，刘邦不会来夺取自己的齐国，于是没有听从蒯通的话。

公元前202年，刘邦趁项羽到楚军饥疲，突然发动袭击。刘邦还约韩信从齐（今山东），彭越从梁（今河南东北部）南下合围楚军。韩信、彭越没有按照约期南下，刘邦追击楚军至固陵（今河南淮阳西北），楚军拼力反击，大败刘邦。

刘邦为了调动韩信、彭越配合，听从张良的计谋，把陈（今河南淮阳）以东至东海的广大地区封为齐王韩信的封地；封彭越为梁王，划睢阳（今河南商丘）以北至谷城（今山东东阿南）为他的封地。韩信、彭越遂后才率兵攻楚，韩信从齐南下，占领楚王都城彭城（今江苏徐州市）等多个城邑，大军直逼楚军侧背；彭越从梁西进；汉将刘贾和九江王英布自下城父（今安徽亳县城父集）北上；刘邦率大军出固陵东进。最终，汉军从南、北、西三面向楚军合围，项羽被迫向垓下撤退。

刘邦、韩信、彭越、刘贾、英布等率七十万汉军与十万疲劳的楚军在垓下进行决战。韩信率军居中，刘邦率部跟进，将军周勃断后。韩信带兵军首战楚军，先锋被项羽率军打败，韩信带兵后退，命左、右军包抄楚军后部。楚军久战疲劳，后军被汉军打败，自此楚军被分割为两部分。韩信指挥全军进行反击，大败楚军，斩杀四万余人，俘虏两万人，最终仅剩不到两万伤兵随项羽退回阵中。楚军被汉军重重包围，只好坚守不出。楚军粮尽，韩信命汉军士卒在晚上唱楚歌：

"人心都向楚，天下已属刘；

韩信屯垓下，要斩霸王头。"

楚军听到楚歌，开始思乡厌战，一部分人逃离军营，军心瓦解。最终，项羽率八百人突围，逃至乌江自刎而死。

第一章 统帅篇

卫青深入大漠逐匈奴

卫青的母亲因丈夫姓卫，被称为卫媪，她在平阳公主的夫家做侍者。卫媪生有二男三女，即大儿子卫长君，长女卫君孺、次女卫少儿、三女卫子夫。她的丈夫死后，她还在平阳侯府做事，后来与在平阳侯家中当差的县吏郑季相好，生下了小儿子卫青。卫媪觉得自己养不起小儿子，于是就把他送到父亲郑季家。郑季的夫人看不起私生子卫青，终日让他放羊，郑家的几个儿子也不把卫青当兄弟看，经常打骂他。卫青生活在这样的环境下，吃尽了苦头，这也深深地影响了他的性格。

一天，卫青和别人来到了甘泉宫，一个囚徒看了他的相貌，说："小子，你现在虽然穷困，但是将来一定是可以封侯的贵人。"卫青苦笑着说："我只是奴役，只求不要被毒打辱骂就行了，哪里敢想立功封侯的事情呢？"

卫青长大了，他不愿再受郑家人的欺辱，便回到了平阳侯府母亲的身边。平阳公主见卫青是一个相貌出众的小伙子，从心里非常喜欢他，于是就安排他当自己的骑奴。只要平阳公主出行，卫青就会骑着马跟随着。卫青虽然没有什么官职，但是这时候的境遇与他在郑家的情景相比已经相当好了。卫青十分聪明好学，他渐渐在平阳侯府学了一些文化和贵族的礼节。

公元前139年春，卫青的姐姐卫子夫因选妃入宫，卫青也因此被召到建章宫当差。入宫当差，成了卫青人生的转折点。

卫子夫入宫后，时间不久就怀上了汉武帝的龙种，陈皇后对此特别嫉妒。陈皇后是汉武帝的姑姑长公主刘嫖的女儿，也就是汉武帝许下"金屋藏娇"誓言的阿娇。阿娇与汉武帝成婚后，被立为皇后，但一直没给汉武帝生下儿子。陈皇后担心卫子夫生下男孩，会被汉武帝立为太子，卫子夫会因母凭子贵，可能被立为皇后，这无疑是对她最大的威胁。但是，现在卫子夫正得汉武帝的宠幸，陈皇后也不敢害她，于是就找母亲长公主诉苦。长公主为了给女儿出气，于是便找了个借口嫁祸给卫青，她派人把卫青抓了起来，并准备处死。卫青的朋友公孙敖得知了消息后，马上找来了几名壮士，把卫青给救了出来。公孙敖还让人给汉武帝送信，汉武帝得知消息后，十分生气，故意接见卫青，并且任命他为建章宫监、侍中。不久，汉武帝又封卫子夫为夫人，卫青为太中大夫。

公元前129年，匈奴再次兴兵南下，前方部队直抵上谷（今河北省怀来县）。汉武帝决定迎击匈奴，分派四路大军出击，他还任命卫青为车骑将军。卫青从此开始了戎马生涯。四路大军骁骑将军李广从雁门出兵；车将军公孙敖从代郡（今山西大同、河北蔚县一带）出兵；轻车将军公孙贺从云中（今内蒙古托克托东北）出兵，车骑将军卫青直出上谷。卫青是首次出征，但他非常英勇善战，带领骑兵直捣龙城（匈奴祭祖的地方），斩首七百人，取得胜利。另外三路中，其中两路被打败，一路无功而返。汉武帝见四路大军中只有卫青获得胜利，更加赏识他了，封他为关内侯。

公元前128年秋，匈奴骑兵又一次南下，攻破了辽西，杀死辽西太守，打败了渔阳守将韩安国，并且劫掠走两千多百姓。汉武帝命飞将军李广镇守右北平（今辽宁省凌源西南），匈奴则有意避开李广，从雁门关南下，攻打汉朝的北部边郡。汉武帝再派卫青出征，命李息从代郡出兵，从背后袭击匈奴。卫青率三万骑兵赶往前线，他身先士卒，将士们个个英勇，最终大败匈奴，斩杀、俘获敌人数千。

公元前127年，匈奴人集结了大部队，进犯上谷和渔阳。汉武帝采取避实击虚的战术，派卫青率大军进攻匈奴人长期盘踞的河南地（黄河河套地区）。卫青率领四万兵马从云中出发，实施"迂回侧击匈奴"的战术，向西绕到匈奴大军的后方，然后快速攻下高阙（今内蒙古杭锦后旗），切断了匈奴单于与驻守河南地的匈奴白羊王、楼烦王之间的联系。后来，卫青率精骑快速南下到陇县西，包围了匈奴白羊王、楼烦王。白羊王、楼烦王见大势不好，仓皇逃走。卫青大军活捉了数千匈奴兵，获得了一百多万头牲畜，汉朝至此完全控制了河套地区。河套地区地势险要，水草肥美，汉武帝命人在这里修筑了朔方城，设置朔方、五原两个郡，从迁徙内地十万余人到两郡定居，并且还修复了秦朝时期修筑的边塞和沿河的工事。这样，汉朝在这里建立起了反击匈奴的前方阵地，并且解除了匈奴对长安的直接威胁。在这次战役中，卫青建立了大功，被汉武帝封为长平侯。

匈奴人不甘心此次失败，一心要把朔方夺回去，所以后来多次出兵，但均被汉朝军队挫败。公元前124年春，汉武帝决定再次出击匈奴，命卫青率三万骑兵从高阙出发，李息、张次公率兵由右北平出发，苏建、李沮、公孙贺、李蔡率兵从朔方出发，受卫青的节制。匈奴右贤王认为汉军离自己还很遥远，不可能很快就到，于是就放松了警惕。卫青则率大军急行军六七百里，夜里包围了右贤王的营帐。这时，右贤王还全然不知，在帐中抱着美女，吃肉饮酒。忽然，帐外杀声震天，火光四起，右贤王这才惊醒，忙把美女抱上马，带了几百骑兵突围，向北奔逃。汉军追赶数百里没有追上右贤王，却俘虏了手下贵族十多人、士兵一万五千余人、牲畜几百万头。

这次出击，汉军大获全胜，凯旋回朝。汉武帝接到战报，欣喜万分，派出特使捧着印信，到军中封卫青为大将军，指挥所有的将领，还加封食邑八千七百户。当时，卫青的三个儿子都还很小，汉武帝封他们为列侯。卫青坚决推辞，他对汉武帝说："臣有幸在军中立功，这都是仰仗陛下的英明智慧，我军才能获胜，这次大胜也都是将士们拼死奋战的结果。陛下加封了我的官职和食邑，我的儿子都还小，没有一点功劳，陛下却封他们为侯，这样是不能鼓励将士奋战的。臣怎能接受这样的封赏？"随后，汉武帝又封赏了卫青麾下的公孙敖、公孙贺、李蔡、李朔、赵不虞、韩说、李息、豆如意、公孙戎奴、李沮等。

公元前123年农历二月，汉武帝命卫青统领六路大军出击匈奴，公孙敖为中将军，公孙贺为左将军，赵信为前将军，苏建为右将军，李广为后将军，李沮为强弩将军，大军从定襄出发后，向北挺进数百里，歼灭数千匈奴军。在这次战役中，卫青的外甥霍去病非常勇猛，他率八百精骑歼敌两千余人。战后，汉军回到定襄休整，一个月后再次出征，歼灭一万多匈奴军。这场战役中，右将军苏建和前将军赵信与匈奴军正面遭遇，几经厮杀，汉军死伤惨重，苏建弃军突围逃回大营，赵信原本是匈奴降将，结果他投降了匈奴。

苏建逃回来之后，对于如何定罪，众说纷纭。有人建议卫青将他斩首，这样可以树立大将军的威严；有人建议卫青从轻发落，因为苏建也是尽力而战的。卫青认为自己是皇亲国戚和大将军，已经不需要再树立威严了，作为大将军自己有权处决部将，但是作为一个臣子不能专权擅杀，于是他用囚车把苏建押解回长安交给汉武帝处理。汉武帝赦免了苏建的死罪，将他贬为平民。

公元前121年，西汉又一次出击匈奴，由霍去病指挥汉军，结果取得胜利，汉朝完全控制了河西地区，并且切断了匈奴与羌人之间的联系。

汉武帝为了彻底击垮匈奴的主力，集中全国的人力、物力、财力，准备对匈奴进行最后一击。公元前 119年春，汉武帝对诸将说："匈奴单于采纳了赵信的建议，远避到沙漠以北，他们认为我们不能越过沙漠，即使穿越了沙漠，也不敢停留与他们作战。这次，我们就要穿越沙漠对匈奴发起强大的攻势，摧毁他们的主力。"汉武帝为此从全国挑选了十万匹精壮的战马，由大将军卫青、骠骑将军霍去病分东西两路各率五万精锐骑兵远征漠北。汉武帝为了解决军粮供应，还调集四万多匹私人马匹、十余万步兵紧跟在大军后面，为他们运输粮草辎重。

　　汉朝的远征大军原计划从定襄北上，由霍去病率军出击匈奴单于。后来，汉军从俘获的匈奴兵口中得知匈奴单于在东方，于是汉军立即进行了调整，卫青从定襄出塞，霍去病从东方的代郡出塞。此时，大将军卫青麾下强将云集，公孙贺为左将军，赵食其为右将军，李广为前将军，曹襄为后将军。前将军李广年事已高，卫青就没让他担任先锋，命他与右将军赵食其一起从右翼进行包抄。卫青率左将军公孙贺、后将军曹襄从正面进兵，直逼匈奴单于驻地。

　　赵信向匈奴单于建议："汉军不知道深浅，竟然想穿过沙漠。到那个时候，汉军人困马乏，我们可以以逸待劳，轻松战胜他们。"匈奴单于听从了他的建议，下令把精锐部队埋伏在沙漠北边，把所有的粮草辎重向北转移。

　　卫青大军行军一千多里，穿越了大沙漠，正好与匈奴军遭遇了。卫青快速指挥部队用铁甲兵车围成一个坚固的阵地，然后派五千骑兵冲向敌阵，匈奴派出一万多骑兵迎战。双方激战非常惨烈，到了黄昏时，忽然刮起沙尘暴，天色一片昏暗，两方军队都互相不能分辨。卫青乘机派出两支人马，从左右包抄到单于大军的背后。单于发现汉军士气高昂，个个英勇，而且数量众多，自知无法取胜，于是急忙上马率人奋力突围，向西北方向逃去。

卫青得知单于突围逃走的消息，立即派出轻骑兵进行追击。匈奴军见单于逃走了，军心涣散，士兵无心再战，四处逃命。卫青率大军乘夜追击，追出了二百多里，也没有找到单于的踪迹，但是却斩杀并俘虏了近两万匈奴官兵。卫青率大军一直挺进到赵信城（今蒙古乌兰巴托市西），获得了匈奴囤积的粮草，他们在此停留了一天，烧毁赵信城和剩余的粮草，然后班师回朝。

汉军通过这次战役，彻底打垮了匈奴的主力。匈奴此次元气大伤，逐渐向更远的地方迁徙，出现了"漠南无王庭"的局面，汉朝基本解除了匈奴的军事威胁。在这次战役中，卫青、霍去病有大功，汉武帝特加封他们为大司马。

后来，京城长安中有歌谣说："生男无喜，生女无怨，独不见卫子夫霸天下。"意思是说卫家的显贵都是靠卫皇后。其实不然，卫青、霍去病的军功，都是靠他们出生入死、浴血奋战获得的，而不是靠裙带关系获得的高位。所以，即使后来卫皇后失宠了，卫青、霍去病的地位也没有受到影响。

卫青成了贵极人臣的大司马、大将军，朝中官员都想方设法巴结奉承他。这时，寡居的平阳公主要在列侯中选丈夫，许多人给她说卫青最合适了，平阳公主却说："他从前是我的下人、随从，怎么能做我的丈夫呢？"有人说："卫青已今非昔比了，他是大司马、大将军，三个儿子都封了侯，姐姐还是皇后，怎么会配不上您呢？"汉武帝知道这件事情，对左右说："我娶了卫青的姐姐，现在他娶我的姐姐，这很有意思。"于是，就允许了这门婚事。这样，卫青与汉武帝亲上加亲，更受宠信。但是，卫青为人谦和，从不以势压人。

后来，卫青的外甥霍去病更受汉武帝恩宠，卫青军门下的许多故旧都转投到了霍去病门下。一时间，卫青的门前冷落，可他却不以为然，过着恬淡平静的生活。

卫青多次率军与匈奴作战，立下赫赫战功，虽然备受汉武帝恩宠，权倾朝野，但从不结党干预政事。公元前106年，卫青去世，汉武帝命人在自己的皇陵东边为卫青修建了一座像庐山（匈奴境内的一座山）的坟墓，以此来表彰卫青一生的卓越功绩。

让诸葛亮无奈的大将军司马懿

　　司马懿出身于东汉的豪门大族，他的祖父司马儁曾担任颍川太守，他的父亲司马防曾任京兆尹。司马懿少年时期就非常聪明好学，而且善于谋略。后来，司马懿被地方推举为上计掾。这个时候，曹操在朝中任司空，他听闻了司马懿的名声，决定请他为官。司马懿早已看出汉朝的大权落入了曹操之手，他是大士族之后，而曹操是宦官之后，他不肯屈节在曹操手下为官，于是就推说身患风瘫，不能为官。

　　曹操得知司马懿不肯在自己手下做事，十分生气，于是就派人扮作刺客去求证。深夜，刺客悄悄摸进司马懿的卧室，看到司马懿直挺挺地躺在床上。刺客想进一步试探，他手挥利剑刺向司马懿。司马懿早已经察觉到了刺客，并且明白这是曹操派来的，他依然直挺挺地躺在那里不动。刺客信以为真，回去据实向曹操禀报，司马懿就这样机智地躲过这场浩劫。

　　公元208年，曹操任丞相，为了实现统一大业，他开凿玄武池训练水军，并且四处网罗人才。这个时候，曹操又想起了司马懿，并且想起了之前的事，他再次派特使去征召司马懿，他对使者说："这次司马懿要是还推三阻四不肯前来，你就把他抓起来！"司马懿善于审时度势，他知道如再拒绝曹操，肯定难逃杀身之祸。于是，司马懿欣然接受了邀请。曹操任命司马懿为丞相府文学掾，很快又任命他为主簿。

多年后，司马懿被提拔为军司马，他向曹操提出了"军屯"的建议，并且建议修漕渠，引黄河水入汴进行灌溉，在淮北大兴屯田。淮河流域与东吴接壤，司马懿在此进行大规模的屯田，具有重要的军事意义和战略意义。当时，在淮北有两万余人屯垦，淮南有三万余人屯垦，而且还有四万多人在淮河流域且耕且守，仅屯垦每年就能获得五百万斛军粮，而且这样还能巩固魏国的东南边防。

公元219年，刘备命关羽率军攻打曹仁驻守的樊城。曹操深知樊城的重要性，于是紧急派于禁、庞德率七万人马增援。时值秋季，阴雨绵绵，汉水大涨，关羽水淹曹军，斩杀了庞德，生擒了于禁，蜀军直逼樊城。曹操面对如此形势，不禁惊慌，以至于准备迁都，司马懿谏言道："于禁是被水淹了，才导致失败，并非是战场上他敌不过对手。丞相现在匆忙迁都，是向刘备等人示弱，这样会助长了关羽的气焰，还会引起淮沔民众的不安。孙权和刘备只是表面亲密，现在关羽得意了，孙权肯定看不下去的。丞相可以派使臣到东吴去见孙权，请他派兵抄关羽的后路，这样就可以解樊城之围。"

曹操听了司马懿的一席话，非常高兴，马上依计而行。这个时候，孙权的特使正好找上门来，并表明要从后路进攻关羽。关羽得知孙权乘机抄了他的后路，心中大慌，准备撤兵回救，可是又不忍心眼前樊城之战功亏一篑。正当关羽犹豫不决之际，孙权派大将吕蒙率兵袭击公安，南郡太守糜芳投降东吴，吕蒙占据了江陵；东吴的陆逊攻取了宜都等地。这个时候，关羽只好放弃樊城，樊城之围不战而解。

不久，曹操于洛阳病死。曹丕继丞相、魏王位，封司马懿为河津亭侯，后升迁为丞相长史。此时，孙权举兵进犯，曹丕紧急召集大臣商议对策，司马懿说："孙权杀死关羽，肯定担心刘备报复，现在是他与魏王结好、防御西蜀的时候，所以他绝对不敢进攻我们。樊、襄二城在军事上有着重要的地位，我们千万不能放弃。"曹丕拒绝了司马懿的建议，命令曹仁焚烧了樊、襄二城。结果，真如司马懿所料，孙权并没有进攻樊、襄二城。

公元231年，诸葛亮率蜀军北伐，进抵天水，将曹魏的贾嗣、魏平围困于祁山，魏军的形势很危急。魏明帝紧急调派荆州都督司马懿屯长安，都督雍、凉二州诸军事，统辖后将军费曜、征蜀护军戴凌、车骑将军张郃、雍州刺史郭淮等共同抵御蜀军。三国历史上以智谋著称的司马懿与诸葛亮迎来了面对面的交锋。

司马懿与诸葛亮对阵十分谨慎，他判断蜀军会因军粮供应问题而急于求战。于是，司马懿全军在险要之地筑建营垒，然后固守不战。诸葛亮以退兵来诱敌，司马懿很谨慎，但是部将不断催逼，他才被迫派兵出战，结果被蜀军击败。此后，魏军都听从司马懿的计策，坚守不战，诸葛亮终因粮草问题而被迫撤兵。

蜀军撤走之后，谋士杜袭、督军薛悌向司马懿建议：明年麦熟，诸葛亮会再次来犯，我们要抓紧时间向陇右运粮。司马懿笑了笑说："诸葛亮如果再出祁山，肯定不会再攻城都，只会寻求在野外作战，而且战场在陇东，而不在陇西。诸葛亮几出祁山，最终都未能建功，都是因为粮草不能供应所致。这次，诸葛亮回去肯定会先大量积存谷物，没有三年的时间，他是不会举兵的。"事实证明，司马懿的预见是对的，诸葛亮真的在三年后大举兴兵，而且攻击的地点就是在陇东，采取的作战方式主要是野外作战。

这次，诸葛亮经过了充分的准备，率十万大军出斜谷，于渭水南原扎营。魏明帝很担心，为司马懿增派了步骑两万人。司马懿率军渡过渭水，背水建立营寨，并派将军胡遵、雍州刺史郭淮在积石与蜀军对峙，将军周当屯阳遂。诸葛亮大军受阻，不能前进，只好退回到五丈原。司马懿知道诸葛亮虽经准备充足，但是蜀道难行，蜀军的粮草补给还是很困难。蜀国多次伐魏，消耗了国力，也很难经受起长时间的消耗。所以，诸葛亮会急于决战。于是，司马懿严令部属坚守不出，拖垮蜀军。

诸葛亮为了应对魏军，决定屯田养兵，以备长期的战争。双方相持数月，诸葛亮只能想别的办法，他采用激将法给司马懿送去一套妇女的衣饰，以此羞辱司马懿，从而激怒他，使他出战。魏军将士得知主帅受辱，纷纷要求出战。司马懿故作震怒，对诸将说："我马上奏请圣上，不日与蜀军决战！"魏明帝看了司马懿的奏章，领会了他的意思，拒绝派兵出战，并派大臣辛毗为军师，手持符节，前往魏营辅佐司马懿。后来，只要蜀军前来挑战，司马懿就假意要出战，辛毗便手持符节站在军门外进行阻止。蜀将姜维对诸葛亮说："辛毗持符阻战，魏军应该是不会出战了。"诸葛亮说："司马懿本来就没有想应战，他之所以一再要出战，只是为了安抚属下显示军威。如果他真心要出战，怎么可能千里迢迢向魏明帝请奏呢？"

一天，诸葛亮派使者去魏营，司马懿摆酒席接待了使者。酒席间，司马懿与使者聊天，他问："近来，诸葛公一天能吃多少饭？"使者不能察觉他的真意，便如实回答："仅吃三四升米。"司马懿又问："诸葛公日常如何处理政事？"使者毫无警觉，一脸钦敬地答道："诸葛丞相夙兴夜寐，凡二十板以上的处罚，他都要亲自审阅。"司马懿了解到这些情况，心中暗喜，送走使者后，他对身边的将领说："诸葛亮进食少，而且事务繁多不能休息，身体肯定支撑着不住，不久他就会死。"

司马懿的弟弟来信问军事情况，他复信说："诸葛亮的十万大军已落入我的圈套，大获全胜指日可待。"不久，诸葛亮因为操劳过度，病死于五丈原，大军只好退回蜀地。司马懿老谋深算，以守为攻，不动一兵却退却了十万蜀军。司马懿表面上看是非常被动的，实质上，他非常高明。他知道蜀军运输粮草非常困难，不可能长期坚持，所以他就坚守不战，在僵持中把蜀军拖垮，足智多谋的诸葛亮对此也无可奈何，最终含恨而逝。由于退蜀军有功，司马懿被封为太尉，主管魏国的军事。

公元237年，魏国辽东太守公孙渊反叛，自立为燕王，定都襄平（今辽宁辽阳）。第二年的正月，魏明帝为了平叛，把司马懿从长安召回洛阳。司马懿主动提出，率四万大军前去平叛。魏明帝担心路途遥远，四万兵力太少，难以取胜。司马懿对魏明帝说："兵不在多，在于精，只要臣善于计谋，就能出奇制胜。"第二年农历三月，司马懿率领四万步骑从洛阳出发，魏明帝亲自送行，并要求司马懿的弟弟司马孚、儿子司马师送他过温县，并令沿途地方官吏拜见。农历六月，司马懿率军到达辽河西岸。这时，公孙渊的手下卑衍、杨祚已在辽河东岸筑起了六七十里长的防线，并且修好了坚固的营寨。司马懿军到达后，卑衍坚守营寨不出，企图隔河与魏军长期对峙，用时间拖垮魏军。

司马懿看罢地形之后，设下了一个声东击西之计，他命令部分士兵快速地向敌卑衍军的南翼猛攻，卑衍、杨祚见魏军攻势凶猛，怕魏军攻破南翼江防，急调精兵前去救援。司马懿见卑衍军的精兵去了南翼，便亲率大军立即从北部偷渡辽河。司马懿过河后，下令部队沉掉了渡河的船只，毁掉了浮桥，快速逼近燕营，并依着辽河建筑工事，好像要进行持久作战。然而，司马懿并没有发动正面进攻，他率主力绕过敌营快速奔向襄平。有将军不明白司马懿此举的意图，问他："我们围困了敌军又不进攻，现在又绕开敌军主力而走，这样怎么能显示我军的威力呢？"司马懿笑着解释："敌人坚守不出，企图以时间拖垮我军，如果我们去攻打，就正中了敌人下怀。兵法上说，攻其必救，就可迫敌出战。公孙渊将主力集结在辽河一线，他的老巢必然空虚，我军直捣其老巢，他们大主力必然回兵救援。那时，我们就可以乘机消灭敌人了。"

众将听完之后，才恍然大悟。

魏军突破辽河后，直扑襄平，这使得卑衍、杨祚很惊慌，他们怕老巢难保，立即率领全军回援，企图在半路上堵截魏军。司马懿待卑衍军到了适当大地点，命令手下的兵马快速掉头猛击，连续发动三次大规模的进攻，全部获胜。卑衍等人率领残兵逃回襄平，司马懿乘胜直追，兵临襄平城下。

这时，正值襄平地区的雨季，连日暴雨，加上辽河河水泛滥，淹没了两岸大片地方。襄平城四周成了一片白茫茫的水乡，一些地方水深数尺，魏军大营帐和人马都泡在水里。有的将领提出把队伍转移到高处扎营，司马懿听到之后，下令："谁胆敢说迁营，立即斩首！"都督令史张静又要求迁营，违反司马懿的命令，果然被斩首示众。魏军叫苦连天，只能泡在水中，处境困难。公孙渊则命令城中的老百姓与部队出城放牧、打柴。司马懿这边的将领见有机可乘，就要求出战消灭出城的敌军，司马懿却不同意。手下陈珪很不解，问司马懿："过去，将军打上庸时，兵分八路，日夜攻打，只用了六天就攻破了城池，杀了孟达。现在，我军千里迢迢而来，敌人出城，反而不急于攻打敌人，这是什么道理？"司马懿笑着说："过去，孟达是兵少粮多，可维持一年之用，我军人数是敌人的四倍，而粮食不够用一月，所以我必须速战速决。而且以四人打一人，也可以不计死伤速战速决。猛攻孟达，实质上是与他竞争粮食。现在，实际情况不同了，敌军人数多，我君人数少；敌人缺粮，我军粮食充足，又逢大雨，不能速战速决。这次出兵辽东，我不怕公孙渊坚守，就怕他率军跑掉。目前，公孙渊的粮草将耗尽，所以他才让士兵出城放牧、打柴，这个时候我们去攻击他们，我军还没有完成合围，这样就会使燕军拼死逃跑。现在公孙渊依仗人多和大水浸泡我大军，坚持守城，不肯认输。那我们就将计就计，主动示弱，让他们安心守城。等到雨停水退的时候，敌军的粮食要耗尽了，我们再发动攻势，那时候就会轻松获胜。"众将听完之后，都钦佩司马懿的才智。随后，司马懿率军继续合围襄平，同时赶制大批楼车、钩梯，以备攻城之用。

不久，雨停水退，司马懿也完成了对襄平城的包围。司马懿估计公孙渊的军粮基本断绝了，下令对襄平城发动猛烈的攻势。司马懿命令魏军将士筑起土山，昼夜登高俯射城中，还配以楼车、钩梯，轮番进攻；还命人在城下挖地道，准备潜入城中，上下结合作战。不久，公孙渊支持不住，决定实施缓兵之计，他遣使出城向司马懿求和，要求魏军先撤出包围，自己会到军营中请罪。司马懿一下就识破了这是计策，毫不犹豫地拒绝了，并将来使斩首。公孙渊又派卫演到魏营求和，请求允许他将儿子送来当人质，魏军撤出包围。司马懿让卫演带话给公孙渊："不要送你的儿子来做人质，你和我既然选择对阵，那么就只能战或守或走，如果你不能战或守或走，就应该投降或者自裁，哪有来求和的道理。"公孙渊再次被拒，只好硬着头皮死战。但是，他的士兵早已饥饿不堪，军心已经瓦解，大将军杨祚随后开城投降。司马懿率军杀入城中，公孙渊便率军从南面突围，企图杀开一条血路逃出去，结果被魏军杀死，他的手下全部投降。襄平城被攻占以后，公孙渊的其他几个郡都选择投降。

司马懿的这次平叛只用了三个多月，然后他按照原定的计划，班师回朝。这次平叛也显示出司马懿的足智多谋和卓越的指挥才能，他创造了一个长途征战、以少胜多的杰出战例。

平梁国，李靖挥兵北塞灭突厥

　　隋末农民起义兴起后，后梁皇室的后代萧铣乘机在巴陵起义，随后建立"梁"国，自称皇帝，并建都江陵。梁国的势力不断扩大，最终控制了长江中游至岭南的广大地区。李渊已经建立了唐朝，并且要统一全国，这些割据势力就要一一铲除。唐高祖李渊考虑到李靖在征战中有超凡的军事才干，于是就把平定梁国的任务交给了他。

　　李靖接到命令之后，立即启程前往夔州，与李孝恭会合，然后征讨萧铣。李靖经过周密的研究，向唐高祖提出了消灭梁国的方策，他主张从夔州直取江陵。唐高祖批准了李靖的方案，并任命李靖为行军总管，火速出兵进取江陵。

　　时值秋初，长江还处在汛期。萧铣认为江水大涨，三峡又险，战船难以行驶，唐朝军队不会东下。他命令部队去参加秋收，只留下数千人守都城。唐军将领见长江水势汹涌，行船十分困难，于是向李靖建议等汛期过了，再进军江陵。李靖对将领们说："我大军才集结不久，萧铣还不了解我们的详情。现在江水汹涌对我进军不利，敌军必然会因此而放松戒备。这个时候，我军如果出其不意，以迅雷不及掩耳之势渡江，神兵天降江陵城下，就可以打他们个措手不及。"

　　李靖命令水师的两千艘舰船顺江而下，克服艰难驶过三峡。梁军疏于防备，唐军突然出现，发起袭击，一举攻破了萧铣设防的宜都、夷陵和荆门，接着又大败梁军大将文士弘率领的几万重兵，击毙一万余梁军，并缴获三四百艘战船。文士弘率残部向东逃走，李靖领五千精兵紧追，一直追到江陵城外，随后唐军主力也赶到了，在江陵对岸扎营。

文士弘逃回江陵，萧铣才知道唐军已兵临城下，急忙率领城内仅有的数千兵力迎战，紧急派人去调集梁国各地的援兵。李孝恭见梁军兵力薄弱，便决定率军出击，李靖劝阻说："萧铣为了避免被灭，肯定会孤注一掷，他现在已经调出了全部的兵力，所以是不能持久的。我军坚守不战，萧铣肯定会分兵回城，那时候乘机攻击，肯定会获得胜利。如果现在出击，梁军必然拼死一战，那胜负就很难预料了。"李孝恭认为李靖过虑了，不听他的建议，并让他防守大营，自己率精锐部队向梁军发起进攻。结果，不出李靖所料，梁军拼死而战，李孝恭被打败，率残军退回南岸。梁军获胜后，阵形开始散乱，士兵们纷纷掠取唐军遗弃的战船和物资。李靖当机立断，立即率军杀向梁军。梁军正在抢物资，没料到唐军突然杀回来了，一时间不知所措，纷纷夺路逃命。萧铣见败势已定，急忙率领随从逃回江陵，关闭城门坚守。李靖则一举攻占了江陵外城和水城，缴获了很多战船。

李靖命人把缴获的梁军战船全部放入长江，众将领们不解，有人问道："我们缴获的敌军战船，可以用来装备我军，为什么要放入长江，送给下游敌军呢？"李靖笑着说："梁国的军队众多，我军深入梁国腹地打了胜仗，但其都城江陵还在，我们很难很快攻取。到时候，梁国的援兵很快赶到，我军就会腹背受敌，进退两难，这些战船还有什么用呢？如果将它们抛入江中，下游的援兵见自家的船了，必然怀疑江陵已破，就会停下来先探明虚实。这样，我军就争取到了必要的时间，才有把握攻破江陵。"众将听完之后，才恍然大悟。

下游的援军见到江上的梁军战船，果然怀疑江陵已失，立即停兵不前。守在江陵城中的萧铣苦等援军不来，最后只得开城投降唐朝。后来，梁国十多万援兵赶到江陵城外，唐军已经建立起牢固的城防。援兵见皇帝已经投降、都城已失，都纷纷投降了。梁国就这样被李靖消灭了。

几年之后，唐太宗决定消灭突厥，他任命李靖为总指挥，调集了十多万训练有素的部队，兵分六路进击突厥的颉利可汗。李靖率本路大军到达朔州（今山西朔县一带），探知颉利可汗驻军于定襄（今山西大同），这里遭受了严重的雪灾，突厥部落缺衣少食，内部已经出现不和，军心也因此不稳定。李靖认为这是一个出奇制胜的好时机，他将主力部队交给副将张公谨统领在后面跟进，自己率三千精骑兵从马邑（今山西朔县东）出发，奔袭定襄。

李靖抵达定襄时，正好是晚上，他以夜色为掩护，命令部队猛烈进攻定襄城。这个时候，颉利可汗还没有察觉唐军临近，直到李靖攻城，才知道唐军已经兵临城下。颉利可汗下令撤往碛口，李靖乘势攻入定襄城，随后又率军追击，歼灭了颉利可汗的部分人马。李靖为了制造颉利可汗内部更大的分裂，暗地派人去碛口劝降颉利可汗的心腹康苏密，离间他们的关系，康苏密随即带着之前被掳入突厥的隋朝萧皇后与隋炀帝的孙子到定襄向李靖投降。

李靖接受了康苏密的投降，火速派人把他护送到长安。颉利可汗得知心腹降唐，不敢在碛口停留，继续率部向阴山撤退。突厥部经过白道（今内蒙古呼和浩特市西北）时，遭到云中的唐军截击，兵马损失严重。这个时候，颉利可汗明白自己已经不是唐军的对手了，如果继续和唐军作战，突厥军就会覆没，于是他派出特使到长安向唐太宗请降。他其实不是真的降服，只是等待草青马肥之时，人马转移到沙漠以北，然后东山再起。唐太宗得到李靖的捷报后，十分高兴，他说："汉将李陵领兵五次深入沙漠，结果投降了匈奴，他的功劳还被记载在史书中。现在，李靖以三千轻骑攻克定襄，真是史无前例的壮举啊！"于是，唐太宗封李靖为代国公。

李靖率本路大军到达白道，与李勣的大军会师。李靖向李勣、张公谨说："颉利可汗虽然被我们打败了，但是他的实力还比较雄厚，如果让他有机会退回沙漠以北，以九姓部落作依靠，那时候距离我们更加遥远，再想消灭他就很困难了。现在，皇上派使者前往受降，颉利可汗必然不会多虑。这个时候，我们挑选万名精骑，带上二十天的粮食，快速奔袭颉利可汗，一定可以获得最终的大胜。"

李勣赞同李靖的这个计策，张公谨反对："皇上已下诏书，接受了颉利可汗的投降，朝廷的使者也已经前往，我们怎么能发兵袭击他呢？"李靖说："颉利可汗表面上是投降，实质是为了保存自己的实力，然后伺机东山再起。皇上也希望我们彻底歼灭他。汉朝时，汉高祖派郦食其出使齐国，韩信乘其无备突然袭击，一举大破齐国。目前是最好的时机，绝不能丧失啊！"张公谨最终也同意奔袭可汗，李靖令李勣统军断后，自己率一万精骑，每个骑兵自带二十天的口粮，星夜兼程，奔袭颉利可汗。

颉利可汗见唐太宗没有怀疑他的投降诚意，还派来了官员进行抚慰，十分得意。他命令各部落酋长率领本部休养生息，夏天一起返回漠北。李靖率精骑快速追上了颉利可汗的后卫部队，并俘获了很多人马。李靖让几个俘虏为向导，带领他们向铁山奔驰。

农历三月的一天，李靖率精骑进入铁山，并且快速接近颉利可汗营地。此时，正好起了大雾，李靖派部将苏定方带两百名骑兵去侦探，自己带队秘密行进。苏定方待人到达离颉利可汗大帐仅一里的地方，这个时候大雾消散了，苏定方带人立即冲杀过去，颉利可汗见唐军突然出现，知道大势不好，急忙带领部分队伍逃走。剩下的数万名突厥士兵，没人指挥也毫无准备，完全没有了作战能力，他们争相逃命。李靖指挥骑兵奋勇追击逃敌，杀死了颉利可汗的老婆义成公主，活捉了他的儿子叠罗施，歼灭了一万多突厥兵，俘虏十万多突厥士兵和各部落民众，缴获几十万头牲畜。

颉利可汗在逃亡途中，被李勣率部正好截住，双方经过一场战斗，唐军又消灭了一万多突厥兵，俘获五万多部落民众。颉利可汗带着几名亲信冲出包围，投奔了启民可汗的舅舅苏尼失。大同道行军副总管张宝相得知消息后，立即发兵，逼迫苏尼失交出颉利可汗。颉利可汗十分害怕，最终躲进山谷中，被张宝相俘虏，押送到长安。颉利可汗被俘后，苏尼失与突利可汗见也都投降了唐军。

唐朝曾被迫向突厥称臣纳贡，这让唐太宗非常痛心，消灭突厥也成为他梦寐以求的目标。当他得知李靖一举剿灭了颉利可汗时，十分惊喜。虽然，李靖违背了他接受颉利投降的诏书，但是他没有因此生气，他还下诏把李靖从兵部尚书提升为尚书右仆射，并且大赦天下，让全国人欢宴五天进行欢庆。

东突厥是唐朝初期北方最强大的汗国，它的覆灭使唐朝的声望大增，四方大小部落都向唐朝称臣，共尊唐太宗为大可汗。唐朝的北方边境，此后几十年再也没有发生过大的战争。

第二章　军师谋士篇

军师鼻祖姜太公

商朝的最后一任国君是商纣王，他荒淫无道，为人凶残，杀了很多忠臣良将。西伯侯姬昌想到纣王的昏庸无道，就吃不下饭，睡不着觉，他曾发誓要灭掉纣王，为民除害。西伯侯姬昌有闳夭、太颠等贤臣辅佐，但是他却缺少一位文武双全的人辅佐他完成大业，于是他经常四处寻访贤才。

一天晚上，西伯侯姬昌做梦梦见一位白胡子的老人，天帝告诉他这个人是他最好的帮手。西伯侯姬昌认为这是天帝托梦让他寻访这位贤才。于是，西伯侯姬昌到西岐各地漫游，期待能遇见这位老人家。

一次，西伯侯姬昌到渭水边走访，忽然听见有人唱歌，歌词的大意为：

"内荒于色外荒禽，酵酒作池肉作林；

成汤基业天数尽，有位君侯定乾坤。"

西伯侯姬昌听完这首歌，觉得唱歌的人肯定不一般，便循着歌声去找，发现是一个老樵夫在唱。他赶紧走上去，恭敬地施礼，然后问："老人家，您唱的歌是自己写的吗？"老樵夫笑着摇了摇头，说："不是我写的，是我的一位朋友写的，我是跟他学唱的。"西伯侯姬昌问："您的朋友在哪里呢？"老樵夫说："他就在渭水的蟠溪，那里有一汪潭水，经常坐在潭边石头上钓鱼的就是我的好朋友，他姓姜，名尚，字子牙。"

西伯侯姬昌听完后，十分高兴，赶紧按照老人说的方向去寻找。他来到渭水边上，果然看到一位白胡子老者，戴着竹斗笠，安静地坐在石头上垂钓，嘴里轻轻地唱着歌，专注地看着河水。西伯侯姬昌下车后，让下属不要跟随自己，他一个人走到老者身边，施礼后问道："老人家贵姓？"老者笑着说："小民姓姜。"西伯侯姬昌追问道："您可是姜子牙？"老人没有回答。

西伯侯姬昌有些疑惑不解，便坐下来与老人谈论其他问题。西伯侯姬昌没有说明自己的身份，老人也没有问，只是从容地回答他的问题。西伯侯姬昌问老人如何治国强兵，老人一一作答，周文王听后不断点头。西伯侯姬昌知道眼前这位老人就是自己一直在寻找的贤人。

西伯侯姬昌和老人谈得很投缘，不知不觉，天色已晚，老人收起鱼竿准备回家。西伯侯姬昌看到老人的鱼钩是直的，而且没有鱼饵，他不解地问老者："您用直钩能钓到鱼吗？"老人笑着看了一眼西伯侯姬昌，慢慢答道："直钩钓鱼虽然奇特，但有愿意上钩之鱼。"西伯侯姬昌听到这里，更坚信了眼前这位老人就是自己寻访的大贤。于是他对老者说出了自己的身份。老人听了后，一点也没有吃惊，他说："西伯侯，老夫也不隐瞒了，我就是姜子牙。"

姜子牙，姓姜，名尚，号飞熊，商朝末年人，他的始祖曾经辅佐大禹治水有功，被封于吕地，他也被称为吕尚。姜子牙原本是吕国国君的后裔，由于子孙繁衍，年代久远，吕尚这一支逐渐衰落，最终成为庶民。姜子牙出生时，家境已经败落了，家里仅有一间破旧茅草屋。因为，家里没有其他产业可以维持生活，所以姜子牙从小就在外流浪。

姜子牙青年时期，流浪到了齐地，为了能生活下去，只好入赘做了"赘婿"。姜子牙做了赘婿后，每天早起晚睡做农活，但是还经常要挨打受骂，最后还被人赶出了家门。姜子牙就继续流浪，他想到殷王朝的都城朝歌谋生。他边往朝歌行进，边谋生，先是在棘津当小贩（今河南延津县东北）贩卖食品，后来又到大户人家干杂活，但是即便是这样，他也经常饥一顿、饱一顿，生活没有一点着落。一天，他走到了孟津（即今河南孟津县东北），继续做小商贩，结果东西却被官兵抢了。这些经历，更加坚定了他到商朝都城朝歌闯一闯的决心。

姜子牙来到朝歌城之后，一开始仍然做小贩，贩卖各种货物，但是还是收入微薄，难以维持生计。后来，他就不做小商贩了，凭借自己的力气谋生，他曾做过杀猪宰羊的屠夫。后来，他有了一些积蓄，就自己开酒店谋生。姜子牙人穷志不短，无论做屠夫，还是做生意也好，他始终没有放弃学习，他刻苦学习了天文、地理、军事、谋略、治国安邦之道，期望有一天能施展自己的才华。

可是，姜子牙到了七十多岁，依然没有能找到施展自己才华的机会。后来，他来到了渭水蟠溪，这里风景十分优美，他就每天坐在石头上钓鱼，每天看着渭水打发时间。姜子牙钓鱼的时候，故意把鱼钩弄直，而且不上鱼饵，他心想总有一天会遇见一位明君的。

这一天，姜子牙还和往常一样在钓鱼，突然他听见了马嘶和人群的嘈杂声，他推测这肯定是西伯侯姬昌，因为当时有治国之志而又礼贤下士之人非他莫属。西伯侯姬昌恭敬地向他询问治国安邦之道，姜太公向西伯侯姬昌建议：想国富民强，必须重视农业生产、发展农业，只有这样百姓才能吃饱穿暖，百姓才会拥护他。姜子牙还向西伯侯姬昌建议：要想一统天下，必须有强大的军队做后盾，军队训练要严格。姜子牙还劝西伯侯姬昌要奖罚分明，对百姓普施恩泽。

西伯侯姬昌邀请姜子牙辅佐自己，姜子牙也欣然同意。西伯侯姬昌按照姜子牙的建议，鼓励百姓发展生产，普及生产技术。从此西伯侯姬昌治理的地方一派欣欣向荣，百姓过上了安定、快乐的好日子。西伯侯姬昌还召集军队，加强训练。由于西伯侯姬昌是一位明主，一招兵士，许多人都来参加，经过严格训练，军队的纪律严明，军队力量得到加强。

西伯侯姬昌按照姜子牙的提议一一去做，没有几年时间，西岐就强大起来，完全有能力与商抗衡了。后来，西伯侯姬昌封姜子牙为军师。

商纣王治理国家施行暴政，大臣和百姓苦不堪言。姜子牙认为平天下的时机已到，于是先率兵打败了西戎，又消灭了几个临近的诸侯，把势力扩展到长江、汉水流域。许多诸侯见西伯侯姬昌治国有德，治国有方，势力强大，纷纷归顺。

西伯侯姬昌死后，他的儿子姬发继位，在姜子牙的辅佐下建立周，姬发也就是周武王。周武王继续积聚力量，准备灭商。经过几年的准备，灭商的时机已经成熟，周武王乘商军远征东南之机，联合了许多受商朝压迫的部落，组成联军，由军师姜子牙统领，征伐商朝。

周武王在出兵之前，照例进行了占卜，卦相显示是大凶。很多官员犹豫起来，不少人主张暂停伐商。姜了牙站出来说："殷纣王剖王叔比干的心，曾经囚禁文王，以飞廉、费仲当政，我们伐他有什么不可？这些枯草、朽骨怎么能预测吉凶？"说完，他走上神台，把占卜的龟壳和蓍草全部摔落在地，还用脚把龟壳踩烂。武王见姜子牙有这样的勇气，马上传令三军，发兵启程。

周武王的大军沿渭水南的大道向东行进，没走多远，随军的史官就质疑说："今年的太岁在寅，向东行进是迎太岁而上，冲犯太岁，肯定会出兵不利。"古代用天干地支纪年，传说有太岁神监督，某一年地支轮到什么，太岁神就会在什么位置。武王伐纣那年，地支为寅，寅是东方的位置，向东迎太岁是犯禁忌的。消息一传开，大军中立即产生了骚乱。姜子牙、周公等人得知消息后，便向将士们说：征伐殷纣是天帝的意志，太岁也要服从天帝的意志。经过姜太公、周公等人一番劝说，将士们才安心了，大军才继续东征。

周武王的大军行进来到盟津，准备渡河时，忽然乌云密布，狂风大作，飞沙走石，河上掀起大浪，将士难以渡河。周武王左手拿着青铜大斧钺，右手拿着用牦牛尾装饰的大旗，厉声对大军发令："我在这里指挥，有谁敢违反我的意志？"武王发完令之后，天上的乌云散去了，风势也减弱了，河上的大浪也慢慢平息。于是，军队从容不迫地渡过黄河，与各路诸侯会合。

周武王的大军继续前行，又遇上了大水。由于上游下大雨，导致河水泛滥，大军只好涉水艰难行进。涉过大水后，大军行进到达怀城（今河南武陟西南）。大军经过怀城时，城墙因年久失修，忽然倒塌，差一点把很多人压在下面，姜子牙只好命令大军绕道而行。大军继续向前，刚走到共头山下，又巧遇山体滑坡，幸亏军队躲避及时，将士们才逃过灾难。

几经波折，大军终于要接近殷都朝歌了，这个时候，忽然风雨交加，电闪雷鸣，大风还把周武王车上的旗杆折断，把车盖掀翻，武王驾车的一匹骖马也被震死。这些反常的事情，在军中产生了一阵混乱。姜子牙把折断的旗杆重新加固；重新安装掀翻的车盖；为武王重新换一匹骖马。他笑着对将士们说："天帝知道我们是奉命来讨伐殷纣，所以派风神、雨神、雷神来迎接我们，让风神吹掉我们身上的灰尘，让雨神洗涤我们的甲兵，让雷神给我们照光和击鼓。"姜子牙说完后，周公在旁播起战鼓，将士们又迅速前进。大军行进到距商都仅七十里的牧野，纣王才得到消息，紧急与大臣商讨应对之策，他想把在东南的远征军调回来，但远水难解近渴。无奈之下，纣王只好把大批奴隶和战俘武装起来，开赴前线。

商、周两军在牧野展开了激战。在大战中，商朝军队纷纷倒戈，周军以少胜多，很快占领朝歌。纣王兵败，逃到鹿台，穿上宝玉衣自焚。随后，武王斩下纣王的头，悬挂示众，并且处死了妲己。

忍辱负重的军事大师孙膑

　　孙膑和庞涓一起拜在鬼谷子门下学习兵法。一年，魏国国君招揽天下贤才，庞涓为了能够出人头地，于是决定下山去魏国发展。孙膑觉得自己还学得不够，还想跟着老师继续学习，于是庞涓就一个人走了。

　　过了很久，山上来了一个魏国大臣，他说自己是代表魏王迎孙膑下山的。鬼谷子见魏国使者很真诚，于是就劝孙膑："你跟我学习本领，最终的目的还是为了给个人谋富贵，现在可以为国家和百姓出力，还能施展你的才能，还能获得富贵，你还是下山去吧！"

　　孙膑到了魏国，以为是庞涓向魏王推荐的自己，一打听才知道是别人向魏王推荐的。孙膑到了魏国的国都，先去看望了老同学庞涓，庞涓表面上表示欢迎，但是心里很不安，他怕孙膑威胁自己的地位。第二天，两人一起上朝，魏王对孙膑很敬重，他说："孙先生独得孙武子秘传兵法，有非凡的才能。孤盼先生来，几乎到了如饥似渴的程度了。今天终于来了，我实在是太高兴了！"

　　此后，孙膑与庞涓经常在一起谈论兵法，庞涓对一些问题难以理解，孙膑就诚心诚意为他讲解。庞涓知道是孙膑学过孙子兵法，所以就叹气假装自责："我当年学过孙子兵法，但近年忙于政务，几乎忘光了。你能不能把孙子兵书借我复习复习？"孙膑诚恳地回答："此书经先生讲解后，只让我看了三天，就收了回去。但是，我已经背下来了，都可以告诉你。"庞涓听完，心里十分高兴。巴不得让孙膑告诉他。

一天，魏王要亲眼看一下孙膑的才能，就在演武场让孙膑与庞涓表演阵法。庞涓摆出的阵法，孙膑一眼就能出来了，并指出如何攻破。等到孙膑排好阵，庞涓却不认识，他怕在魏王面前丢面子，就偷偷问孙膑，孙膑如实告诉了他。庞涓急忙走到魏王面前讲："这是八门阵，可以变化出长蛇阵。"孙膑来到魏王前，回答对与庞涓所说的一样。魏王十分高兴，对孙膑与庞涓说："你们两人并称杰出，真是魏国大幸！"

庞涓经过这件事情后，危机感更强了，他暗下决心一定要除掉孙膑！

半年后的一天，忽然有叫丁乙的人来找孙膑，他说自己是齐国人，并且带来了孙膑堂兄孙平的书信。孙膑忙接过信看，信中讲述了兄弟两人的情谊，最后提出希望孙膑回到故国。孙膑看完信不觉流下泪来，很快就回了一封信。其实，丁乙根本不是齐国人，他是庞涓的心腹。庞涓骗到了孙膑的回信，找人模仿他的笔迹，在关键的地方改写了原意，变为："在魏做事是不得已、碍于情面，不久将回国，为齐王效力！"

庞涓将此信交给魏王，他说："大王如此器重孙膑，他却久有背魏向齐之心，近日又私通齐国使者。臣忠于大王，忍痛割舍兄弟之情，截取孙膑家信一封，请大王过目。"魏王看完信后，问："你看该怎么处理？"。庞涓说："孙膑才能高过我，若放他回齐国，对大王的霸业不利。"

魏王问："所以……杀掉他？"庞涓急忙跪下求情："请大王不要杀他，我与他毕竟是同学一场，还是让我再劝劝他。他要是同意留下来，那是最好的；如果不想留，仍要归齐与我国为敌，请大王把他发到我府中，由我监管处置。"魏王很气恼，本来要杀孙膑，但在庞涓的请求下，还是同意了。

第二天上朝，孙膑没见到庞涓。魏王一见他就大发雷霆，令武士把他抓起来，不容他半句解释，命人将他押到军师府。庞涓见到孙膑被捆绑进军师府，装作大吃一惊，他急忙问：“怎么回事？我因事耽误一会儿，正要上朝，你怎么被押到这里来了。”

押解的官员宣读了魏王的命令：“孙膑私通齐使，要叛魏投齐，请军师问罪！”庞涓大惊失色，忙对孙膑说：“你不要着急，我去找魏王替你求情去！”说完，急忙离家上朝。庞涓见到魏王，说：“孙膑确实有私通齐使之罪，但罪不至死。我觉得不如让他成为不能行走、在脸上打上罪记的废人。这样，既成全我们同窗的情分，又不会有后患！”魏王说：“按照你的意思办。”。

庞涓回到军师府，边流泪边对孙膑说：“大王十分生气，要判你死罪。我一番苦苦求情，才免于一死，但要受刖刑。”孙膑叹了一口气，说：“我还总算保住了性命，多谢贤弟救我，以后我定要报答的。”

不一会儿，行刑的刽子手来了，他们把孙膑绑起来按在地上，用尖刀剜剔下孙膑的两个膝盖骨，孙膑因此痛昏过去了。在他昏迷的时候，脸上被刺上了“私通敌国”的字。

一个月之后，孙膑伤口基本愈合，但已经不能走路了，只能盘腿坐着。庞涓对孙膑却很关心，照顾他的一日三餐，这使孙膑很过意不去，总想为庞涓做点什么报答他。庞涓却不要他做，孙膑再三要求，庞涓才说：“兄长可以把鬼谷先生所讲的孙子兵法写出来，这是对后世有益的善事，也可以使你扬名于万代千秋！”孙膑知道庞涓想学习孙子兵法，于是就高兴地答应了他，便夜以继日地写兵法。一个照顾孙膑的小男孩儿被他的精神所感动，于是就对庞涓的贴身卫士讲：“能不能让孙先生休息几天，然后再写。”那个贴身卫士说：“还休息什么，一个快死的人。将军只等孙膑写完兵书，就要饿死他！”

小男孩儿把这个消息告诉了孙膑，孙膑内心一阵绞痛，他决定要想办法逃出军师府。第二天，孙膑正继续写书的时候，忽然昏倒在地。过了一会儿，孙膑醒了过来，但是他却神态恍惚，突然发怒大骂："你们为什么要害我，要用毒药害我？！"他推翻了书案，扫掉了烛台文具，又把费尽心血写成的部分孙子兵法扔进了火盆。卫士急忙禀告庞涓，庞涓赶来查看，孙膑揪住庞涓，满嘴白沫地大叫："鬼谷先生！你带我回山！救我回山！"

庞涓使劲掰开孙膑脏兮兮的手，他怀疑孙膑是在装疯，企图骗过自己，于是就命人把他扔到猪圈里。孙膑全然不觉地在猪圈里滚来滚去，披头散发，直怔怔瞪着两眼，浑身污秽不堪，一会儿哭，一会儿笑。

晚上。庞涓又派人去试探孙膑。在四周无人时，这个人悄悄把食物给孙膑，并且对他说："先生，我是庞府的下人，深知您的冤屈，很同情您。我给您带来了一些吃的，请您悄悄吃点东西，别让庞将军知道！"孙膑面目狰狞，一把打翻了食物，大叫："你又要毒死我吗？！"这个人捡起猪粪给他吃，孙膑却接过来，直接就往嘴里塞，吃得津津有味。这个人把实情告诉庞涓，并断定孙膑是真疯了。

这时，庞涓才有些相信了，此后任孙膑满身脏污到处乱爬。孙膑有时睡在街上，有时睡在猪圈里，有时躺在马棚里。庞涓这才确信孙膑疯了，他彻底放下心来，但是仍命令手下关注孙膑，他每天在什么地方都必须向他报告。

当初向魏王推荐孙膑的人是赫赫有名的墨子，他知道孙膑是装疯避祸。墨子把孙膑的才能和境遇告诉了齐国大将田忌，田忌很想得到孙膑这样的谋士，希望孙膑能为齐国效力。于是，田忌派人出使魏国，使者在大街上发现孙膑后，乘庞涓手下的人疏忽，夜晚先用一人扮作疯了的孙膑，然后派人把真孙膑抬上车，快马加鞭迅速逃出了魏国。后来，假的孙膑失踪了，庞涓才发现孙膑逃脱了。

孙膑到了齐国，受到田忌的礼遇。齐国的君臣常常赛马赌输赢，以此为乐。田忌的马不及齐王的马，所以经常输。一次，孙膑目睹了齐王与田忌的三场赛马后，对田忌说："明日再与齐王赛马，可下大赌注，我保证您能赢。"田忌听了，就与齐王约定第二天赛马，并一注千金。

第二天，赛马场有上千人观看。齐王的马十分剽悍，田忌的马相比要弱一些，于是他心里有些不安，问孙膑："先生，有什么办法使我取胜呢？"孙膑说："你们比赛的马，都分三个等级，你所有级别的马都比齐王稍差一些。按等级比赛，您肯定三场皆输。但是，你可以这样安排：让第三等的马与齐王的一等马比赛，这样你先输一场；第二局，以一等马与齐王二等马比，你肯定赢；第三局，以二等马与齐王三等马去，你还会取得胜利。从最终的结果看，你二比一就会获胜了！"

于是，田忌按孙膑的话去赛马，果然赢了齐王。一向取胜的齐威王这次输了，十分惊讶，他问田忌："你是怎么取胜的？"田忌把孙膑找来，借机推荐给齐威王。齐威王见孙膑是一个双腿残疾的人，并不在意他。孙膑向齐威王陈述了自己对战争的看法，齐威王听完后便问："依你的意思，不用武力能不能使天下归服呢？"孙膑回答："这不可能，只有打胜了，天下才会归服。"然后，孙膑列举了黄帝打蚩尤、尧帝伐共工、舜帝征三苗，武王伐纣等历史事实，说明哪一个朝代都是用武力来实现国家统一的。孙膑深刻独到的分析使齐威王大受震动，他又询问兵法，孙膑对答如流。齐威王认为孙膑是个难得的人才，从此以"先生"相称，把他作为老师看待。

公元前354年，魏国派庞涓领兵八万突袭赵国，包围了赵国的都城邯郸。赵国派使者向齐国求救，齐威王欲派孙膑为大将，带兵支援赵国，孙膑推辞说："我是个残疾人，带兵多有不便，还是请田大夫带兵吧，我只在一旁出谋划策！"齐威王拜田忌为大将，孙膑为军师，发兵救赵。田忌带大军准备直奔邯郸，解赵国之围，孙膑却提出应趁魏国国内兵力空虚之机，发兵直逼魏国的大梁，迫使魏军回军，这样赵国之围也就解了。这样做还有一个好处：避免齐军长途奔袭的疲劳，使魏军处在奔波之中。田忌立即采纳了孙膑的建议，率领齐军杀往大梁。

魏军刚攻破邯郸，突然传来消息说齐军直逼大梁，魏国告急。庞涓顾不得休整部队，留少数兵力防守邯郸，率大军驰援大梁。魏军行至桂陵，被齐军包围。魏军因为长途劳顿，士兵疲惫不堪，被以逸待劳的齐军打得大败。魏国只好向齐国求和，然后乖乖地归还了邯郸，这也就是历史上有名的"围魏救赵"。

公元前342年，庞涓带领十万大军，兵分三路进攻韩国。韩国抵挡不住魏军的进攻，接连派出使臣，不断向齐国求救。齐威王召集大臣商讨，有的大臣主张坐山观虎斗，有的大臣主张发兵救援，孙膑一直没有说话。齐威王问孙膑："先生，您是不是认为这两种意见都不对？"孙膑点了点头，说："是。我认为，魏国欺负弱小的韩国，如果韩被攻陷，肯定对齐国不利，因此不赞成见死不救。但是，现在魏军气势正盛，这个时候出兵，等于替韩国做出牺牲，这样也不妥当。"齐威王问："先生说怎么办好？"孙膑说："大王可以先答应韩国的请求，韩国知道我们会出兵相救，肯定会全力抗击入侵的魏军；韩魏经过激烈拼杀，人力、物力会大大消耗，到那个时候，大王再发兵前去救援，很容易就能攻败疲惫不堪的魏军，拯救危难之中的韩国，这样可以以最小的损失获得最大的功劳。"齐威王当即采纳了孙膑的建议。

一年后，魏韩两军经过激烈的交战，双方实力已大大削弱的时候，齐威王才派兵支援韩国，他任命田忌为主将，孙膑为军师。于是，孙膑与庞涓又一次在战场相逢。按照孙膑的建议，齐军长驱直入，直指魏国的都城大梁，庞涓得到消息后急忙回军。不久，孙膑得知庞涓回师的消息，便对田忌说："魏军一向自恃骁勇，他们肯定急于同我军决战，我们要抓住这个心理，诱使他们上当。"田忌说："军师说怎么办？"孙膑回答："我们要装出胆小怕战的样子，用退兵减灶的办法诱使他们深入。"

庞涓带领大军日夜兼程赶回魏国，传令大军遇到齐军主力，与他们决一雌雄。但是，齐军却不敢交战，梁军稍一接触，他们就向东退去，庞涓带兵紧紧追赶不放。第一天，他见齐军营地有十万人的饭灶；第二天，齐军营地就剩五万人的灶；第三天，齐军营地只剩三万人的灶了。庞涓得意地说："我早知道齐国人都是胆小鬼，不到三天，士兵就逃跑了大半！"庞涓担心齐国大军逃走，传令留下步兵和物资，集中骑兵轻装前进，追歼齐军。

孙膑得知庞涓轻骑追击的消息后，高兴地对众人说："魏军马上就要失败了。"这时，齐军退到了一个叫马陵道的地方，这里处于两座山势险要的高山之间，树多林密，只有一条狭窄的小路可走，是伏击歼敌的好地方。孙膑传令："伐树将小路堵塞，另挑选路旁的一棵大树，刮去一段树皮，在树干上写下：'庞涓死于此树下！'几弓箭手埋伏在密林中，夜里只要看见树林出现火光就放箭。"

到了傍晚，庞涓率领骑兵果真追到了马陵道，前面的道路被树木阻塞，庞涓就上前去察看。隐约间，他看见路旁有一大树上隐约有字，遂命人点起火把仔细查看。当庞涓看清树上的字"庞涓死于此树下"时，心想不好，中了孙膑的计。庞涓急忙命令魏军后退，但是这时候已经晚了。埋伏在山林中的齐军弓箭手万箭齐发，魏军死伤惨重，庞涓被射成重伤，他知道败局已定，拔出佩剑自杀了。

齐军乘胜追杀，将后面的魏军杀得大败，还俘虏了魏太子。马陵大捷之后，孙膑名声大噪。当时齐国的相国是邹忌，他是一个身高八尺的美男子，但是为人心胸狭窄。孙膑、田忌因为军功，威望不断提高，邹忌担心他们威胁自己的相位，于是打算找机会除掉孙膑、田忌。但孙膑是个残疾人，肯定不能做相国的，邹忌就把目标先对准了田忌。

邹忌找来很多亲信谋划如何除掉田忌，公孙阅给他出了个主意："找一个人算一卦，说：'我是田忌，三战三胜，威震天下，欲成大事，不知吉凶。'算卦的人出来后，便令人将他捕获，然后将这件事告发给大王。"邹忌听完后大喜，便派人假装田忌去算卦，扬言自己要成大事，算一下是吉还是凶。邹忌随后派人将此人抓获，送到齐威王那里。

这时的齐威王有点老糊涂了，他对田忌手握重兵本来就有疑心，听了邹忌的话，就相信田忌真的要谋反。于是齐威王便遣使召领兵在外的田忌回临淄，等田忌回来后立即审问此事。孙膑对齐国的政局及邹忌、田忌之间的矛盾洞若观火，他见齐威王突然派人召田忌回临淄，觉得齐威王肯定听信了谗言，田忌如果回到临淄，将凶多吉少。孙膑在魏国最艰难的时候，田忌曾救他出苦海，而且长期以来，二人合作得非常好，孙膑不忍田忌自投罗网。于是，孙膑提醒田忌，千万不要贸然回临淄。他建议田忌率军回临淄"清君侧"，驱逐邹忌，这样还能死中求生、反败为胜。田忌对孙膑言听计从，立即率兵攻打临淄。但是，邹忌也是老谋深算，早已做好了守城准备，田忌攻城不胜，各地的勤王援军也到了，他只好逃亡到了楚国。

在田忌攻打临淄的时候，孙膑就已不知去向，据说他不愿意卷入政治斗争，悄悄离开了，找了一处清静的地方隐居了。

张良运筹帷幄，决胜千里

　　张良出身于贵族世家，他的祖父和父亲曾任战国时韩国的宰相。张良出生之后，韩国已逐渐衰落，后来被秦国吞并。韩国灭亡后，张良失去了显赫荣耀的地位，他心存亡国之恨，把主要的精力放在了反秦上。张良散尽家财，访求刺客，后来寻得一个力士，制成一个重一百二十斤的铁椎，伺机刺杀秦始皇。秦始皇率大队人马离开咸阳东游，在博浪沙，力士椎击秦始皇，结果误中副车。

　　张良椎击秦始皇失败后，被悬榜通缉，他只好隐姓埋名，隐藏在下邳（今江苏睢宁北）。一天，张良走到沂水圯桥头，遇到一个穿着粗布衣服的老人，他走到张良的身边故意脱下鞋丢掉，然后指着张良说："小子，给我捡鞋！"张良心有不满，但还是替他取了上来。老人跷起脚，让张良给他穿上鞋，张良强压怒火，屈膝给老人穿好鞋。老人穿好鞋后，仰面长笑，然后对张良说："孺子可教，五日后的凌晨，我们再到桥头相会。"张良不知这是什么意思，但还是恭敬地应诺了。

　　五天后，天刚刚亮，张良就急匆匆地赶到桥上。这个时候，老人已经提前到了桥上，他见张良来到，愤愤地斥责："与老人相约，你为什么还迟到？五日后再来！"说完，他就走了。第二次，张良又比老人晚了一步，老人让他五天后再来。第三次，张良半夜就到桥上等候，他的至诚和隐忍感动了老人，老人就送给他一本书，并且对他说："你好好读此书，将来一定能成为王者师，十年后天下大乱，你可用此书兴邦立国；十三年后再来见我。"说完，老人扬长而去，这个老人就是高士黄石公。张良得到书一看，是《太公兵法》。从此，张良日夜研读，俯仰天下大事，终于成为一个深明文韬武略、足智多谋的人。

公元前209年农历七月，陈胜、吴广在大泽乡起义，举兵反秦。随后，各地反秦起义风起云涌。张良也聚集了一百多人，树起了反秦的大旗。后来，张良自感势单力薄，难以成大事，只好率众去投奔景驹。半路上，张良正好遇上刘邦率领义军在下邳发展势力。两人相见恨晚，张良多次以《太公兵法》劝说刘邦，刘邦也虚心接受。于是，张良决定跟随刘邦反秦。这次不期而遇，张良选择明主，说明了他在纷纭复杂的形势中有清醒的头脑和独到的眼光。此后，张良深受刘邦的器重，他的文韬武略也有机会得以充分地发挥。

公元前208年农历六月，项梁和项羽率领的反秦大军发展壮大到六七万人，并拥立楚怀王的孙子为王，并且集合各路义军首领在薛县商议反秦大事。张良无时无刻没有忘记复兴韩国，他建议项梁："您已立楚王的后人，韩王的诸多儿子中，就属横阳君成最有才能，您可立他为王，然后借此可以招揽更多的人。"张良和项梁之间有旧交情，所以项梁一口答应。于是，项梁命人找到横阳君成，立为韩王，并以张良为司徒（相当于丞相）。

公元前208年年底，楚怀王命项羽、刘邦兵分两路伐秦，并约定谁先入关进入咸阳，谁就可以被立为王。刘邦取道颍川、南阳，准备从武关进入关中。刘邦攻占颍川后，韩王和张良赶来与他会合。刘邦让韩王留守阳翟（韩国故都，今河南禹州市），让张良随自己南下。

第二年的农历九月，刘邦的军队抵达南阳郡，南阳郡守退入宛城固守。刘邦想早点进入关中，见宛城难以攻取，于是就打算绕过宛城，带军继续西进。张良认为不妥，于是劝道："您急于进关，但是路上的秦兵还很多，而且他们占据着险要的地势。我们现在不拿下宛城，一旦前方受阻，宛城的秦兵再从后面追杀过来。那时，前进不能，追兵在后，就很危险了。"

刘邦采纳了张良的建议，立即率兵乘夜间抄小路悄悄返回宛城。第二天拂晓，刘邦的军队已把宛城包围了。接着，刘邦采用攻心术，招抚南阳太守，赦免全城吏兵，轻松取得了宛城。刘邦解除了西进的后顾之忧，威望大增，南阳郡的其他城池也纷纷投降。

农历十二月，刘邦率军抵达蛲关（今陕西兰阳东南），这里是去关中的交通要隘，是通往秦都咸阳的咽喉要塞，也是拱卫咸阳的最后一道关隘，易守难攻，秦朝在这里派有重兵把守。刘邦赶到关前，准备亲率两万余大军强攻。张良劝道："现在秦朝守关的兵力很强大，我们一定不能轻举妄动。"刘邦担心项羽大军先入关中，心急如焚，他向张良询问良策。

张良想了想，向刘邦献了一个妙计，他说："蛲关的守将是屠夫的儿子，他这种市侩之人，很容易被钱财打动的，派郦食其多带珍宝财物去劝诱秦将，同时您派先遣部队，预备五万人的粮饷，并在山间上多设军队的旗号，虚张声势。这件事情就一定能成功。"刘邦依计而行，蛲关守将果然投降了，并表示要和刘邦一起攻入咸阳。

张良得知消息后，劝告刘邦不可，他说："蛲关的守将反叛了，但是他部下的士卒未必全都愿意反叛，这样后果将不堪设想，我们不如乘秦兵懈怠之机消灭他们。"刘邦听了张良的建议，率兵向蛲关发起突击，秦军大败，弃关退守蓝田（今陕西蓝田县西）。刘邦乘胜追击，又在蓝田大败秦军。

然后，刘邦大军继续西进，于公元前206年正月抵达霸上（今西安市东）。这时，赵高杀死了秦二世，子婴仅仅做了四十六天秦王，刘邦的义兵就已经到了城下。秦国的大势已去，子婴只好以绳系颈，乘素车白马，捧着御玺符节，出城投降。刘邦采纳了张良的计谋，仅用一年的时间，就比项羽抢先一步进入关中。

刘邦大军进入咸阳后，看到大量豪华的宫殿、美貌的宫女和珍宝异物，许多人都以为可以尽享富贵了，刘邦也想留居宫中，安享富贵。武将樊哙反对这样做，面斥刘邦要做富家翁，但是刘邦根本不理睬他说的。在这关键时刻，张良劝解刘邦："秦王多行不义，所以您才能推翻他，进入咸阳。您已经为天下人铲除了祸害，就应该吸取教训，以节俭示天下。现在我们刚入关中，您就沉溺在享乐中，这样有损您的威名。良药苦口利于病，忠言逆耳利于行，您还是听从樊哙的话吧。"张良的话点醒了刘邦，他接受了张良卓有远见的规劝，立即下令封存秦朝宫宝、府库、财物，整治军队，然后带军回到霸上驻守，等待项羽等起义军到来。刘邦还采纳张良的建议，颁布很多安民措施，赢得了民心。

公元前206年，项羽率兵抵达函谷关（今河南灵宝东北）。刘邦命这里的守军紧闭关门，不让项羽大军进关。项羽得知刘邦已攻下咸阳，十分生气，正好刘邦部下曹无伤前来向项羽告密："沛要在关中称王。"项羽更加恼怒，立即命令英布带军强攻函谷关。没多久，项羽大军攻破了函谷关，并且快速进驻到新丰、鸿门，要与刘邦在这里决一死战。

项羽的叔父项伯与张良有旧交，他悄悄骑马来到刘邦军中见张良，把项羽准备攻打刘邦的消息告诉了张良，并让他赶快潜逃。张良对项伯说："我奉韩王的命令，护送沛公入关，现在沛公身处危难之中，我如果悄悄逃走，是不讲道义的，我要向他辞行再走。"随即，张良来到刘邦的营帐中，把项伯说的转告了刘邦。刘邦听完后，大惊失色，问张良："怎么办呀？"张良却反问刘邦："我们的军队能抵挡住项羽大军的进攻吗？"刘邦说："不能。现在事已至此，怎么办呢？"

张良想了片刻，现在最要紧的就是先打消项羽对刘邦的疑虑，让他放弃进攻的计划。要达到这一目的，就要靠老朋友项伯了。张良审时度势，给刘邦出了个好主意："您一会告诉项伯，说您不敢背叛项王。"刘邦急忙问："项伯和你，谁的年龄大？"张良回答："项伯比我大几岁。"刘邦说："你把项伯请进来，我要像对待兄长一样对待他。"张良出去，再三邀请项伯到帐中见刘邦。

张良带着项伯进帐后，刘邦急忙迎接，并亲自为他斟酒，项伯微微有点醉的时候，刘邦委屈地说："我进入关中以后，谨慎小心，秋毫无犯，吏民都造册入籍，府库财产严加封存，就等项将军来接收。我之所以派将士把守函谷关，是为防备盗贼窜入，发生非常的变故。我守在这里，日日夜夜盼望项将军到来，怎么敢反叛呢？请您向项将军转达我的心意，我丝毫不敢背弃项将军。"项伯听了刘邦的一席话，很感动，于是便交代刘邦："你明天早一点来，亲自向项将军谢罪。"项伯骑马连夜赶回鸿门，并把刘邦的话都转告给了项羽，并百般劝解，项羽的怒气有所缓解。

刘邦亲赴鸿门，肯定会危机四伏，但是又不能不去。张良给刘邦分析了项羽的为人，这才坚定了刘邦深入虎穴的决心，他还说自己会一同前去保护刘邦的安全。第二天，刘邦带着张良、樊哙和百余名随从来到鸿门。刘邦见到项羽，忙上前解释："臣与将军合力攻秦，将军战河北，我战河南。结果，我侥幸先入关中破秦，今天在这里有幸再见将军。但是，有小人进谗言，致使将军与我结怨。"项羽见刘邦只带百余人前来赴宴，而且他对自己恭敬，不禁动情了，脱口说："沛公的左司马曹无伤告诉我，你要在关中称王，令子婴为相。不然，我怎么会这样呢？"刘邦说自己先行入关并无非分之处，项羽知道刘邦是依楚王约定入关，自己对刘邦如此有违约之嫌，顿觉心中没有了怨气。

项羽留刘邦一起饮宴，项羽的谋臣范增屡次用眼神示意项羽，暗示他速下决断，杀死刘邦。项羽却犹豫不决，范增就从帐外招来勇士项庄，让他舞剑助兴，并伺机杀掉刘邦。项伯看出端倪，立即拔剑对舞，时时用自己的身体护住刘邦。张良见情况不妙，就起身出帐找来樊哙，让他进去保护刘邦。樊哙持剑拥盾闯进去，两眼怒视项羽，项羽不禁骇然，问："他是什么人？"张良回答："沛公的随从樊哙。"项羽笑着说："好汉，赏他酒！"左右的侍从捧上一大杯酒，樊哙站着一饮而尽。

项羽再劝再饮，樊哙饮完，说："我死都不怕，还怕喝酒吗？"接着，樊哙开始数落项羽疑心太重，陈述刘邦的劳苦功高和忠义。项羽一时竟被他说得无言以对，只是招呼樊哙坐下，樊哙乘势坐在张良身边。过了一会儿，刘邦见情势缓和，便借口要上厕所，并暗示樊哙跟随自己出帐，张良随之而出。张良建议由樊哙保护刘邦赶快脱身，自己留下来应付局面。

刘邦留下了车骑，在樊哙等人的护卫下，骑马离开了鸿门，秘密返回霸上，而身在虎穴的张良沉着冷静地与项羽等人周旋。张良估计刘邦已回到军中，便进帐辞谢："沛公不胜酒力，醉不能言，谨使张良奉上白璧一双，敬献大王；另备玉斗一双，敬献范将军。"项羽只好收下白璧，范增气得把玉斗摔到地上，拔剑击得粉碎，对着项羽气愤地说："竖子（轻蔑的称谓），将来夺你天下的人，一定是沛公，我们都会成为他的阶下囚！"

在鸿门宴这次生死攸关的斗争中，张良以其大智慧巧妙地帮助刘邦脱险。

公元前203年，刘邦的汉军对项羽的楚军逐渐形成合围之势：韩信不断袭击楚军，彭越又断绝了楚军的粮道。楚军兵疲粮竭，项羽只好送回扣押下来的刘邦的父亲与妻子儿女，与他讲和。双方商定，以鸿沟为界，两分天下，东边归楚，西边归汉，各不相犯。

按照双方约定，项羽向东边的彭城而去，刘邦引兵向西回汉中。张良看出了项羽腹背受敌、捉襟见肘的处境，便与陈平一起劝谏刘邦："如今汉据三分之二的天下，这个时候正是灭楚的最佳时机，这时猛追穷打，必然成功。否则楚军东归，如放虎归山，将来必然是后遗无穷。"刘邦采纳了张良与陈平的意见，亲率大军追击项羽，并令韩信、彭越合围项羽。

刘邦率大军追击楚军至固陵（今河南太康），韩信、彭越所率的援兵却迟迟没有到，结果被项羽打败。刘邦问张良："韩信、彭越为什么没有如期前来？"张良早已经摸透了韩信、彭越的心思，并且已有了对应之策，他对刘邦说："楚即将灭亡，韩信、彭越虽已受封为王，但是没有确定的封地。所以，二人因此不来赴约。您若能与他们共分天下，他们肯定会按时前来。否则，最终成败谁都难以预料。"刘邦要解燃眉之急，便按照张良的计策，把陈地以东至沿海的地盘划封齐王韩信；把睢阳以北至谷城的地盘划封给梁王彭越。两个月后，韩信、彭越果然带来了援兵。

刘邦的各路人马会集于垓下（今安徽灵璧沱河北岸），韩信用计将项羽围于垓下，继而用"四面楚歌"瓦解项羽大军的士气。最终，刘邦大军打败了项羽大军，项羽逃到乌江自刎。至此，长达四年的楚汉战争结束，刘邦获得了彻底的胜利。

之后，刘邦正式即帝位，史称汉高祖。汉高祖举行庆功大典，大宴群臣，君臣共饮。刘邦特别高兴，谈及项羽所以失天下，汉所以得天下，刘邦说关键在于自己会用人，任用了萧何、张良、韩信，他盛赞张良："运筹帷幄之中，决胜于千里之外，我不如子房（张良的字）。"

张良体弱多病，汉高祖平定天下后，他便常常托词多病，不出门。随着汉朝的江山渐渐稳固，张良逐步从"帝者师"退居"帝者宾"的地位，在刘邦歼灭异姓王的斗争中，张良基本没有参与谋划。

　　"运筹于帷幄之中，决胜于千里之外"的张良，身居乱世，胸怀国亡的悲愤，投身于兵戎生涯，为刘邦击败项羽以及汉朝的建立立下了不可磨灭的功劳。功成名就之后，他辞官归隐，是汉初三杰（萧何、张良、韩信）中，唯一一位得善终的人。

令曹操慨叹的奇佐郭嘉

郭嘉，字奉孝，颍川阳翟（今河南禹州）人，他是曹操手下著名的谋略家。郭嘉很小的时候，便有远大的理想。他在二十岁的时候就开始隐居，不与世俗的人交往，所以当时很多人都不知道他。但是，他喜欢交结英雄豪杰，与荀彧、辛评、郭图等人为友，经常一起谈论时势，这为他的谋士生涯奠定了基础。

郭嘉为了成就一番功业，就准备去实力较强的袁绍军中做谋士。袁绍占据了黄河以北的大部分地方，又以礼贤下士著称，郭嘉慕名前往邺城（今河北临漳西南）拜见袁绍，成为他的部属。郭嘉在邺城住了一段时间，他发现袁绍不善用人，好谋而无断，所以很难成就霸业，于是他就离开了邺城。后来，他在荀彧的推荐下，投奔曹操。曹操对颍川贤士有特殊的感情，他认为汝、颍出奇士，所以对郭嘉格外器重。

这个时候，曹操的实力不能与袁绍相比，但他广招天下英才，他要求谋士荀彧举荐人才。荀彧知道郭嘉足智多谋，就向曹操推荐了他。曹操派人请来郭嘉，与他畅谈天下大事，两人谈得十分投机，有相见恨晚之感。曹操高兴地对郭嘉说："你就是使我成就大业的人！"郭嘉也庆幸自己遇到了伯乐，他高兴地说："将军正是我要投奔的明主啊！"不久，曹操上表朝廷，任命二十七岁的郭嘉为军祭酒，参谋军政。此后，郭嘉就跟随曹操东征西战，为他出谋划策。

曹操有心征讨强敌袁绍，但担心自己的实力不够，便请来荀彧、郭嘉商议，他问郭嘉："冀州袁绍拥兵众多，又兼有青州、并州之地，地广兵强。我想讨伐他，却担心实力不够，你觉得我该怎样做？"郭嘉认真地为曹操分析了目前的形势和敌我双方的实力，他说："楚汉相争之时，高祖刘邦的实力不如项羽，但是高祖以智获胜。项羽势力很强，最终却在乌江自杀。我认为，袁绍有十败，曹公有十胜。袁绍兵力强盛，但是最终将会被公消灭。"

　　郭嘉接着给曹操分析："袁绍的举动属于叛逆，公却奉献帝之名号令天下，这是义胜；袁绍礼仪繁多，天下民不聊生；公顺乎民意，社会安定，这是道胜；袁绍施政宽松，豪强贵族有恃无恐，公却注意抑制豪强贵族的势力，这是治胜；袁绍表面上宽宏大量，实际上气度狭小，不信任人，而且用人唯亲，公却求贤若渴，广招天下英才，唯才是举，用人不疑，不分亲疏，这是度胜；袁绍依仗门第，高谈阔论，沽名钓誉，追随他的都是一些图虚名而没有本领的人，公以仁义和诚心待人，勤俭朴素，不图虚名，对有功人员的赏赐毫不吝惜，所以有识之士都愿意辅佐您，这是德胜；袁绍优柔寡断，往往错失良机，而您却处事果断，善于随机应变，这是谋胜；袁绍是非不分，公以礼和法治国，是非分明，这是文胜；袁绍喜欢虚张声势，却不知用兵之道，公却善于以少胜多，用兵如神，全军将士都很钦佩，令敌人畏惧，这是武胜；袁绍放纵豪强，贪婪成性，民怨甚重，却表面上假仁假义，公虽不拘小节，但在大事上十分清醒，考虑周到，注重生产，恢复经济，安定社会，造福百姓，这是仁胜；袁绍的部属间争权夺利，谗言惑乱，公用人有方，内部团结，上下一致，这是明胜。公有此十胜，还用怕袁绍吗？"

　　郭嘉的一番话使曹操大为折服，将他视为知己。随后，曹操和袁绍在官渡展开大战，结果曹操以少胜多取胜。官渡之战后，袁绍积郁成疾，最终身亡，他的几个儿子则开始争权夺利。郭嘉随曹操进军黎阳，征讨袁谭、袁尚。曹操大军连战连胜，袁家兄弟被逼退守邺城，曹操众将想乘胜再战，平定冀州，郭嘉却建议曹操停止进攻，撤军南征刘表。

郭嘉对曹操说："袁尚和袁谭势力相当，审配、逢纪辅佐袁尚，辛评、郭图辅佐袁谭。他们兄弟两个一直在争权夺利，如果我们继续攻打他们，他们就很可能联合起来应对；现在我们不去追击他们，他们兄弟肯定会继续互相争斗。所以，我们不如率大军南下，佯装攻刘表，以观其变。等他们兄弟自相残杀，力量消耗之后，我们再出兵攻打，平定冀州就易如反掌。"众人都赞同郭嘉的见解，曹操也支持此议，他还称赞说："此计妙极！"

公元203年农历八月，曹操退出黎阳，继续南下，做出进攻刘表的姿态。袁家兄弟见曹操退兵征讨刘表去了，喜出望外。很快，袁家兄弟就因为争夺冀州而兵戎相见。结果，袁谭被袁尚打败，退守平原（今山东平原西南），在走投无路的情况下，他派辛毗向曹操求助。曹操心中大喜，立即答应袁谭出兵救援。袁尚闻讯后，十分惊慌，于是放弃邺城，逃到幽州投奔袁熙。曹操夺了邺城之后，向北攻打袁谭，杀死袁谭后，又继续北进，攻击幽州。袁熙、袁尚惊慌，逃到了辽西乌桓，曹操一举平定了冀州。

曹操平定冀州后，因为郭嘉出谋划策，有很高的功劳，于是他上表朝廷，封郭嘉为洧阳亭侯。郭嘉建议曹操召见冀州的知名人士，给他们加官晋爵，以收买人心，因此巩固了曹操在这一地区的统治。

乌桓是古代居住在我国北方的少数民族，袁绍生前与乌桓的关系很密切。袁尚、袁熙北逃到乌桓后，想借助乌桓的力量与曹操抗衡。公元207年农历二月，曹操召集手下商讨远征乌桓。众将担心刘表会乘虚攻入许都，不同意出兵远征。郭嘉则不同意这种观点，他分析了荆州形势，认为刘表不会出兵，他说："乌桓地处偏僻，他们的警惕性肯定不高。我们正好可以乘其不备，突然袭击，一定可以取胜。青州、冀州、幽州、并州受袁绍的影响很大，如果我们南征，袁尚一定会伺机反攻，这四个州肯定会出现动荡。而刘表对刘备心怀戒备，他不会有太大的作为，我们不用担心他。"曹操觉得郭嘉的分析很对，便率军远征乌桓，果然大获全胜。

郭嘉随曹操远征乌桓，凯旋后，因为征途劳顿而卧病不起。曹操亲自上门探望，关怀备至。不久，才华横溢、风华正茂的郭嘉就病死了，年仅三十八岁。曹操为此十分悲痛，亲自吊唁。他对郭嘉早逝十分惋惜和伤感，曾言："上为朝廷惜悼良臣，下自悔恨丧失奇佐""哀哉奉孝！痛哉奉孝！惜哉奉孝！"。曹操还痛心地对荀攸等人说："你们的年龄都和我差不多，唯独郭嘉年龄最小。平定战乱后，我准备把没完成的大事托付给他，不料他却英年早逝，这难道是命里注定的？"

此时的曹操踌躇满志，正准备一统天下，急需像郭嘉这样运筹帷幄，决胜千里的谋臣，而郭嘉却在此时病死，无疑对他的雄心伟业是一个沉重的打击。后来，曹操在赤壁之战大败，曹操慨叹道："郭奉孝要能活到今天，我不会有今日之败。"

后人有诗称赞叹郭嘉：

"天生郭奉孝，豪杰冠群英。

腹内藏经史，胸中隐甲兵。

运谋如范蠡，决策似陈平。

可惜身先丧，中原梁栋倾。"

铁骑军师菩萨心耶律楚材

成吉思汗统率的蒙古军队，横扫对手，战无不胜。成吉思汗曾告诫手下："战时遇敌，要像饥饿的鹰搏取猎物一样。"蒙古军队采用恐怖战略，敌人如果闻风投降，就可以放他们一马；如果进行抵抗，则会在城陷之日，惨遭屠杀。后来，成吉思汗结识了耶律楚材，在他的劝诫下，才减少了屠戮。

耶律楚材是辽朝的宗室，他的父亲是耶律履，被金章宗所器重，官至宰相。耶律履六十岁时，才有了儿子耶律楚材。耶律楚材三岁时，他的父亲便去世了。耶律楚材有一个好母亲，受她的影响，他的汉学根基极深，他精通经学、天文、医学、佛理，还会写一手好诗，又通晓契丹、女真、蒙古语。

成吉思汗久闻耶律楚材的大名，特意召见他。成吉思汗见耶律楚材身长八尺，声如洪钟，仪表非凡，他立刻对他说："辽金之间的世仇，我今天为你雪！"成吉思汗十分欣赏耶律楚材，就把他留了下来，命令左右尊之为"吾图撒合黑"（意为美髯公）。从此，耶律楚材就一直跟着成吉思汗西征。

耶律楚材还精通卜算，成吉思汗在每次行军之前，都要请耶律楚材占卜。一次，元军征伐东印度，行军到铁门关，发现一只有角的兽，身形似鹿，尾巴像马，但是发出人声，它对成吉思汗的侍卫说："这里不宜再进攻，请你们的皇上早日收兵为妙。"成吉思汗得知后，觉得很惊奇，就向耶律楚材请教，耶律楚材说："这是世界上稀有的瑞兽，它的名称叫作角瑞，能够说多国的语言，好生而恶杀，这是天降祥瑞示皇上，愿皇上承顺天意保全民命。"成吉思汗听完后，立刻下令收兵。

当时元朝各地州郡的官吏大多都很暴虐，常常任意杀人，甚至做一些奸人妻女、取人货财的事情，耶律楚材听到这些，不禁痛哭流涕。于是，他向元太祖上奏，下令各地州郡官吏不能随便杀人，死刑一定要报皇上核准，违者处死。后来，官吏暴虐的恶风渐渐改变。

成吉思汗南征的时候，耶律楚材奏请制作数百面招降旗，发给降顺的民众，让他们各自回乡，因此保全了很多的民命。后来，成吉思汗率军攻打汴梁（现在的河南开封），武将们为了报复金人的顽抗，主张要杀了全城的人。耶律楚材得知消息后，就向成吉思汗上奏："皇上用兵的目的，是要获得土地与人民，如果杀了全城的人，那得了土地而无人民，又有什么用呢？"

成吉思汗听完之后，还是犹豫不决，耶律楚材继续进谏："精美的宫殿，大量的财宝，都会集中在城中，烧了全城，我们将一无所获，那就太可惜了！"成吉思汗听了，觉得很有道理，就下令禁止屠城。只办城内完颜氏的罪，其余的人一概不究，这样保全了一百四十七万人的性命。

当时被俘而逃亡的人很多，元军下令，凡收留或资助逃俘的人，就要灭其全家，耶律楚材又向成吉思汗上奏："河南已平定了，百姓都是皇上的子民，他们逃也没有地方可以去，怎么可以因为一个俘囚，而连坐杀死数十数百人呢？"成吉思汗听了他的话，就废除了原来的命令。

成吉思汗重视技术人才，尤其是那些擅长制造武器和工程建设的人，所以他虽然屠城掠地，遇有这些人才，总是一律留用。成吉思汗攻下灵武后，众人忙着抢金银财宝，只有耶律楚材找了许多大黄。大黄是一种中药，可以做特效止泻药。后来，元军出现了瘟疫，一万多人都在闹肚子，幸亏服了耶律楚材的大黄才痊愈。由于耶律楚材有这等本事，所以他劝阻成吉思汗减少杀戮，颇有效果。成吉思汗在临终前，对太宗窝阔台说："耶律楚材是天赐给我们的，以后军国大事都可以委托他。"

耶律楚材因为精通佛法，所以高居官位，并不以做官为目的，而以救老百姓为急务。耶律楚材为了阻止元军烧杀汴梁全城，因正谏不能使成吉思汗接受，就以城中有珍宝和宫殿打动他的心，使汴梁免除了大屠杀的灾难；至于逃俘免究，更保全了不知多少人命。耶律楚材的出现，使得成吉思汗逐渐地重视、接受汉人文化，在全国创立了行政系统。

耶律楚材辅佐军国大事，官拜中书令，他死了以后，被追封广宁王。他的儿子铸，位至左丞相，孙儿十一人，也多数做了大官。

大清开国第一谋士范文程

　　范文程自幼好学，才智过人。他十八岁的时候，在沈阳县学考中了生员（也就是我们通常说的秀才）。正当范文程踌躇满志，决心继续考取功名，以后在仕途上有所作为的时候，突然灾难来临。后金首领努尔哈赤带兵南下，攻克抚顺等地，并且进行大肆掳掠，将所俘获的三十万人畜分别赏赐给有功官兵，范文程也被俘虏，并因此沦为奴隶。

　　皇太极即位后，进行了多项改革，范文程的人生转机也随之来到。皇太极设立了文馆，选拔有用之才供职。这次应试的三百多名人，考取了近两百名，范文程就名列其中。后来，范文程凭着自己的聪明才智，从一个奴隶一步步走上了显赫的官位。

　　范文程进入文馆后，做的第一件事情就是想方设法改变东北的局势。当时，大明王朝在东北占有着绝对的优势，后金政权的势力还比较薄弱。大明王朝之所以有优势，是因为守将袁崇焕密镇守东北地区。要打破明朝的优势，就要想办法除去袁崇焕，范文程想到了反间计！

　　1629年，皇太极整顿好内政之后，便举兵攻打明朝，范文程也随军出征。努尔哈赤攻打明朝的时候，在宁远被袁崇焕战胜郁闷身死之后，皇太极在宁远、锦州一线与袁崇焕也进行了多次反复较量，但都以损兵折将而告终。这次出征，在范文程的协助下，皇太极此次进军突然改变进军路线！

　　以前，皇太极出师伐明，带领八旗兵走锦州，然后图谋出山海关，直接逼近北京。这次，在范文程的筹划下，皇太极率领八旗兵主力由喀喇沁部蒙古人作向导，从山海关西面的喜峰口越过长城，直接入明朝内地；范文程则率领其他人马沿潘家口、马兰峪、三屯营、马栏关、大安口一线进发，从旁支援主力。

在这次出征中，范文程智勇兼施，独当一面，力克潘家口、马兰峪、三屯营、马栏关、大安口五城。明军曾集中兵力，拼命反扑，将大安口包围。范文程采用火攻之计，解了重围，有力地配合了皇太极率领的主力部队的行动。皇太极率领的八旗兵主力在遵化一带立稳脚跟后，便从蓟州越三河、略顺义、至通州，渡北运河直逼北京！很快，皇太极就率军驻扎在离京城仅两里的南海。大明王朝上下大乱，总兵满桂等人拒敌于德胜门、安定门外；明军在城上打炮助战，结果打伤了自己的军队，满桂叶因此受伤，只好率残兵躲入城中坚守。

袁崇焕得知皇太极绕道入关，马上挥师救助，大挫八旗军锐气。皇太极亲往袁崇焕阵前，仔细察看营寨形势，只见阵坚难破，无法力取。这个时候，范文程建议，与其强攻，不如智取！先撤兵再进行谋划。

范文程决定借助俘虏来实施反间计。在此之前的进攻过程中，八旗兵曾经俘获过两名明朝的太监。明朝的太监权势很大，他们是朝廷中与皇帝最接近的人之一，很多皇帝也很信任他们。一般来说，在一些重大的战役中，明朝皇帝都要派出自己最为信任的太监作监军，监视前线指挥官的言行举止。

皇太极在撤军途中，暗令手下大将高鸿中、鲍承先等坐在靠近这两个太监的地方，小声交谈："皇上（指皇太极）今天退兵，其实是设下的计策。不久前，皇上独自骑马到袁巡抚阵前，两个人谈了好长时间。袁巡抚跟皇上有密约，灭明的大业很快就会成功。"后来，他们故意放松警惕和看护，让一个姓杨的太监逃脱了。杨太监逃回北京，便把听到的机密禀报给了崇祯皇帝。

当时，明朝不少官员反对袁崇焕，纷纷诽谤他引狼入室，私下与后金订立城下之盟。崇祯皇帝一贯刚愎自用，独断多疑，早就对掌握兵权的袁崇焕有疑心，听了杨太监的密奏和大臣的诽谤，便火速召袁崇焕回京，很快将他问罪下狱，最终袁崇焕以"叛逆"等罪名被凌迟处死。

范文程用反间计使得崇祯帝杀了袁崇焕，这无疑是"自毁长城"。此后，皇太极亲统大军，长驱直入中原，攻占宣府、大同一带。1636年，皇太极改国号为"清"。1643年，皇太极去世，多尔衮以摄政王身份主政。范文程为了提高清军的整体素质，约法三章，厉行从严治军。

范文程通过与明军的多次作战，总结经验，他说："中原百姓处在水深火热之中，期盼有一位英明的皇上，以便安居乐业。以前，我大军屡次深入明朝，但只是进行烧杀掠抢，所以伐明大业至今也没有成功。中原的百姓以为我们也不过是贪图财物人畜，没有什么大志，他们也不信任我们。我们应当严明军纪，做到秋毫不犯，体谅老百姓的疾苦，让老百姓知道我们有能力进取中原，知道我们有诚意善待老百姓。只有这样，黄河以北才能安定。"

范文程还经常对朝中的同僚说："从古到今，还没有一个喜好杀戮者能够得到天下的。如果我们只想统治关东，那就不用说了。如果我们想问鼎中原，统一中国，就必须爱护老百姓。"范文程高瞻远瞩，明确提出进军全国的战略目标，并不断呼吁满洲贵族不要再进行抢掠。

在明清两军互相交战时，李自成的农民起义军快速崛起，并且很快占领了广大的西部地区。不久，李自成攻占明朝京城，消息很快传到多尔衮耳中，他立刻将正在养病的范文程叫来，商议对策。范文程认真分析了当前的形势，认为这是进攻中原的天赐良机，他认为李自成虽拥兵百万，但其势却已成强弩之末，难以维持。而且，李自成起义军队犯了三忌：一，逼死了明朝的崇祯皇帝；二，刑讯侮辱大小官吏，激起了上层阶级的不满；三，烧杀掠淫老百姓，已完全失去人心。李自成的农民军将领被胜利冲昏头脑，骄傲自满，战斗力下降，这种情况下是经不起打的。

范文程对多尔衮说："如果在这个时候，我们的军队能够齐心协力，而且对百姓有所体恤，打起讨伐逆贼李自成的旗号，一定会大功告成。"范文程的话正合多尔衮心思，他立刻赶回军中，起草文书，昭告明朝官民："我们带军特来为你们报君父之仇，替天行道，我们要诛灭的只是李自成。我们是正义之师，凡官吏归顺，皆按原职录用；老百姓投靠，各安本业。我们的军队严守纪律.不会加害官民的。"多尔衮在清军内部下令："今此之行，非同昔日，蒙天眷顾，当定国安民，以成大业"，而且下达了"不杀无辜，不掠财物，不焚房屋"的禁令。

多尔衮的通告发布以后，清军所到之处，明军军队和官吏纷纷投降。范文程还建议多尔衮，当务之急必须借助吴三桂的力量打败李自成。范文程还严令将士遵守军纪，爱护百姓，多尔衮大败李自成军后，马不停蹄地杀向北京。在进军北京的途中，范文程还草拟文告，说这次进攻北京的目的是讨伐李自成，希望官员和老百姓不必惊慌，从而收买了民心，所以清军很快攻克了北京城。这些事实证明，范文程之前的分析是非常正确的。

清军击溃了农民起义军，顺利地占领了北京城。清军占领北京以后，多尔衮为防止士兵惊扰百姓，只带了一千人马警卫，其余骑兵都安排在城外驻扎。此时，北京城人心惶惶，范文程又辅佐多尔衮推行了一系列安抚和稳定民心的措施：首先，为自杀的崇祯皇帝和皇后发表三日，并晓谕天下，"以昭大义"；其次，派人保护明朝的皇陵，而且通告明朝的旧部："故明诸王来归者，不夺其爵。"于是，明朝皇室成员以及那些誓死要向清复仇的皇室宗亲慢慢接受了清朝统治，反清者大大减少。

第二章 军师谋士篇

第三章　勇武篇

英雄田单横空出世

战国时期，燕国与齐国相邻，经常受齐国的欺负，燕国一直想找机会报仇。齐王则一心想称霸，为人又骄横，所以大多诸侯国对他不满。公元前284年，燕国联合秦国、韩国、越国、魏国等，由燕国大将乐毅率领多国联军，浩浩荡荡杀向齐国。不到半年时间，多国联军就攻下齐国七十多座城池，使齐国只剩下莒城（今山东莒县）、即墨（今山东平度东南一带）两个地方。

在乐毅率军攻齐的时候，齐国的田单逃到了临淄以东的安平城。田单认为，燕军攻占临淄后，也绝不会罢兵的，必定会继续向东进军。燕军攻战临淄后，果然继续向东进攻安平。安平城很小，城池也不坚固，无力抵抗燕军，很多齐国人只好向东逃走。

齐国人在逃亡路上，民众拥塞，车辆相撞，行进十分缓慢。田单看到这种情况，便令田氏族人提前采取措施：截去所有车辆车轴的末端，免得冲撞，用铁皮把车轴头部包上，使车轴坚固而易于快行。因此，田单的族人很快逃脱了燕军的追击，逃到了即墨。田单的高超智慧和卓识远见，受到了族人的称赞。

后来，齐湣王逃到了莒城，于是乐毅集中燕军奋力攻打莒城。楚国派大将淖齿率兵援救莒城，名义上解救齐王，实则要他见机行事，瓜分齐国。后来淖齿杀死齐湣王后，率领军民坚守，抗拒燕军数年，燕军难以攻下莒城。燕军在攻不破莒城的情况下，遂调兵东进围攻即墨。即墨大夫率兵出城与燕作战，结果战败身死。即墨城中的军民一致推举田单为将军，率领全城军民抗击燕军，坚守即墨。

足智多谋、熟悉战阵的田单被拥立为将军，以即墨为中心，抗拒燕军进攻。田单虽然是在危难之际受命，但却毫不畏惧强敌。他经过认真观察，仔细分析战争形势的发展变化和交战双方军民的思想变化，制定了守城措施和反攻策略。

不久，燕昭王死，燕惠王即位。燕军大将乐毅与燕惠王不合，燕惠王还是太子时，二人就有了矛盾。田单得知这一消息后，认为这是天赐的良机，于是他利用反间计，挑拨离间燕惠王与乐毅的君臣关系。田单先派人到燕国到处宣传："乐毅率燕军攻下齐国七十余城，只不攻取莒、即墨两城，不是不能攻取，而是不想攻取。因为乐毅与大王有矛盾，心存二意，他是以伐齐为名，实则是拥兵想在齐国自立为王。现在，齐国的人没有归附他，所以他就缓攻即墨，等待时机，为自己谋划。齐国人最害怕的不是乐毅，最害怕的是燕国改派大将攻打即墨，那时即墨城肯定会被攻陷。"

燕惠王听到坊间这些宣传，就信以为真，开始严重怀疑乐毅，于是便下令以骑劫代替乐毅，率领燕军攻打即墨。燕王将乐毅撤职，命令他火速回燕国复命。乐毅想：自己回到燕国后，以燕惠王的为人，自己会被杀了的。乐毅被逼无奈，只好投奔赵国，燕国的士卒因此都很恨骑劫。

田单的反间计成功了，心中暗喜。接着，田单又施一计。他下令城中的百姓在吃饭时，必须在庭堂祭先祖。飞鸟见庭堂有食物，纷纷落下来觅食。外面的燕兵感到十分奇怪，为什么飞鸟都飞着飞着落下去了。田单又命人到处宣传：这是天神下凡来救齐国。接着，他又命人到处宣传："有神人是我们的老师。"

当时，有一个士兵不明白这个是什么意思，就问田单："我可以成为老师吗？"问完，便反向走了。田单迅速起身，追上这个士兵，把他叫到一边，说："你可以为老师。"这个士兵说："臣欺君，我真的一点本事也没有。"田单说："请你不要张扬！"于是，他把这个士兵当老师看待。每次出兵作战，约束军民，必称神师。

田单又命人到处宣传说："我们最怕燕军割了齐国俘虏的鼻子，要是他们把齐国俘虏的鼻子都削去了，那齐国人还有人敢打仗吗？那即墨城就很难守了。"燕军听到这个消息后，果然割掉了齐军俘虏的鼻子，把他们赶到队伍的前面，逼他们与齐军作战。

即墨城中人看燕军割掉了齐军俘虏的鼻子，义愤填膺，他们还在城上见到燕国的士兵刨他们的祖坟，恨得咬牙切齿。齐国的军民纷纷向田单提出要出战，要与燕国人拼个死活，报仇雪耻。田单认为决战时机已到，又派人装作即墨的富翁，偷偷出城，暗地里给燕将骑劫送去金银财宝，并哀求他："城里的粮食吃完了，人心惶惶，不出几天就要投降。我请求大将军进城的时候，保全我们的家小。"骑劫听了很高兴，竟然信以为真，满口答应。

这样，齐国人则个个斗志昂扬，人人积极准备参战，燕军却只等着即墨人开城出来投降。田单挑选了一千多头牛，叫人给这些牛披一床被子，上面画一些红红绿绿的稀奇古怪的图样；给牛角上绑两把尖刀，尾巴上系一捆浸透了油的苇草。牛阵准备好了，田单又挑选了五千人，个个拿大刀长矛。

一天半夜，田单下令，凿开十几处城墙，把牛队赶到城外，然后点燃牛尾巴上的苇草火。牛尾巴一着火，一千多头牛被烧得朝城外都燕国兵营狂奔，五千齐军紧跟着牛队，向燕军兵营冲杀过去。齐国百姓一起来到城头，有的敲着铜壶，有的打着铜盆，为齐军助威。

第三章 勇武篇

震天动地的呐喊声惊醒了燕国士兵，他们睡眼蒙眬，只见火光四起，上千头脑袋上长着大刀的怪兽向他们冲过来，大多数士兵被吓得魂不附体。一时间，燕军大营乱作一团，被火牛狂奔踩死的人，被齐军杀死的人，燕国军队自己乱窜撞伤踏死的人，不计其数。燕将骑劫惊醒后，坐上战车，想杀出一条活路，但最终被齐兵所杀。这就是历史上著名的火牛阵。

　　燕军主帅骑劫被杀后，燕军顿时四散逃跑。田单率领齐军乘胜追击燕军，所到之处的城邑都背叛燕国而归田单，田单兵卒日益增加，战斗力愈强。最终，齐军把燕军追击到齐国北面的界河上，齐国损失的七十余城全部收复。

　　从公元前284年乐毅统领联军攻打齐国，到公元前279年田单收复齐国失地，前后历时五年。齐国虽然复国，但是经过这次战争，损失惨重，国力大衰。田单迎回齐襄王，被任命为相国，他就开始尽心竭力辅佐襄王治国安民。田单用人唯贤，顾全大局，关心民命，抚慰百姓，政绩突出。齐国也在田单的治理下，一方面发展生产，使百姓安居乐业；另一方面整顿军队，增强战斗力，从而使国力逐渐强盛起来。

　　综观田单的用兵，可以说是出神入化，神妙无穷，出奇制胜。田单不仅善用兵，而且善于治国。他是用兵之良将，治国之贤臣。

逐鹿兵败，田横慷慨赴死

　　田横的祖上是战国时齐国的贵族，后来齐国被秦国吞并。陈胜在大泽乡起义之后，田横和兄长田儋、田荣也开始起兵抗秦，田儋自称齐王，领导起义队伍。公元前208年，田儋被章邯所杀，田横和田荣又立田儋之子为齐王。此时，项羽已经率军攻入关中，自称为西楚霸王，大封功臣，项羽因怨恨田荣和田横，没有封他们为王，不但让别人做齐王，还将原来齐国的领地也封给了他。田横兄弟很不服气，于是就杀了项羽分封的齐王，田荣自立为王。公元前206年农历八月，项羽讨伐田荣，田荣兵败身亡，田横立田荣的儿子田广为齐王。

　　楚汉战争中，双方多次争夺荥阳、成皋两个战略要地。成皋是当时天下存粮最多的地方，所以是兵家必争之地。公元前204年，刘邦再次被项羽赶出了荥阳城，失去了这座重要的城池。这个时候，韩信占领了赵，彭越攻取了梁，于是项羽出兵去救援这两地，因而只留了很少的兵力镇守在成皋。郦食其对刘邦说："这是上天给汉的大好时机，我们要尽快收复荥阳，占据成皋粮仓，我会前去游说齐王，让他发兵助汉攻楚。"刘邦同意了郦食其的建议，很快就收复了成皋。

　　郦食其则来到齐国游说，他对齐王分析了利害关系，刘邦和项羽的为人处事，功过是非，最终说天下将归汉不归楚。齐王田广接受了郦食其降汉的意见，撤除了战备，每天和郦食其一起饮酒高歌。郦食其凭着三寸不烂之舌，不费一兵一卒，让齐国投降了。韩信得到消息后，谋士建议他立即攻打齐国，他接受了这个建议。齐王和郦食其天天饮酒作乐，齐国人也放松了警惕，韩信大军长驱直入，到达了齐国都城临淄城下。这个时候，齐王田广以为郦食其骗了自己，对他说："如果你能制止汉军，就可以活命，否则我就把你煮了。"郦食其也没有料到韩信会这样做，他也无法阻止韩信，结果只好自认倒霉，被田广烹杀了。

郦食其的悲剧其实本该可以避免，假如刘邦及时下令，命韩信不要攻打齐国；韩信以国事为重，不攻打齐国，郦食其也不会丧命。造化弄人，一介书生的郦食其和野心勃勃的韩信因为名利，才导致水火不容。韩信要以武力建功，就容不得辩士郦食其的口舌功劳。假如郦食其完成使命后，马上回去复命，不饮酒作乐，也就可以避免这悲剧了。但是，他错过了最好的机会，最终栽在了酒上。

公元前204年农历十一月，韩信大败齐楚联军，杀了齐王田广。田横逃走，然后自立为齐王。没多久，田横又败给了汉军的将领灌婴，只好投奔彭越。公元前203年，刘邦采纳了张良的计策，封彭越为梁王，并且给了他很大的封地，以此促使彭越进攻项羽。垓下之战，项羽输了，田横害怕刘邦报复自己，带着五百名将士逃到东海的一个孤岛上，即后来的田横岛。

田横和众人躲在孤岛上艰苦度日，他和他带领的五百人却成了刘邦的一个心病。刘邦认为，田横很得人心，如果他以后趁机叛乱，就会给汉朝带来很大的麻烦。于是，刘邦派使者去田横的孤岛传达命令，只要这些人归降汉朝，前尘往事一概不究，一切罪责都可赦免。田横和五百将士一起商议，大家都认为刘邦心胸狭窄，不能投降汉朝。

于是，田横拒绝了刘邦提出的投降的要求，他对使者说："我的族人杀了郦食其，他的弟弟郦商现在是汉朝的将军，他不会放过我的。请你回去告诉汉王，我愿意永远在这海岛上做普通白姓。"使者回到京城，将田横的话汇报给刘邦。

刘邦找来郦商，对他说："如果田横归顺我大汉，有人敢动他或者他的手下，我一定诛灭他全族。"郦商则表示自己不会找田横的麻烦。于是，刘邦再次派使者到海岛见田横，并且对他说："只要你们这些恶人立即前去归顺皇上，就可以封王封侯；如果拒不归顺，皇上就会发兵来讨伐你们。这可是皇上的特诏。"田横思量了一番，觉得五百人居住在一个小岛上，实在难以长期维持下去，不如趁此机前往京城去探探虚实。

众人听说田横要去京城，都要和他一起前往。田横劝对大家说："我并不是不愿意和你们一起去，而是如果大家一起去，人数太多，反而可能会引起误会。如果我一个人去，确实能够受封，就回来接你们。"说完，田横就带着两个门客跟随刘邦的使者一起前往洛阳。

田横一行来到了尸乡（今河南偃师以西）打驿站，他停下来对使者说："臣下见皇上之前应当沐浴更衣，以示敬意。"于是，汉使就暂时离开，让他们沐浴更衣。汉使离开后，田横对两个门客说："我和刘邦曾经都是王，如今他做了皇帝，我却成了俘虏，如今要我去朝拜他，我实在无法忍受这样的耻辱。还有，我的族人以前杀了郦商的哥哥，现在让我跟郦商一同侍奉刘邦，就算他不敢害我，我和他在一起也感到惭愧：我现在已经家破人亡了，死就死了。刘邦叫我来见他，无非是要看我的容貌。这里离洛阳很近，你们割了我的头，快马送去给他看。"说完，他不顾门客的阻拦，就拔剑自刎了。

两个门客很悲痛，他们含着泪，抱着田横的头去见汉高祖。刘邦见到田横的头后，感慨道："唉，他真了不起。他们弟兄三人先后成为齐王，很不简单啊。"随后，他就封田横的两个门客为都尉，然后以王的礼节，厚葬了田横。

田横的葬礼结束后，两个门客在祭拜过田横后，就在坟边挖了两个坑，然后在坑里双双自刎而死。刘邦听了这个消息后，大为吃惊，感到很费解，不明白他们为什么和田横会有这么深厚的情谊。刘邦又想起海岛上的五百人，他再一次派使者到海岛上召他们归顺。

　　使者到了海岛，传达了刘邦的命令，让五百人去洛阳与田横同享荣华富贵。这五百人听了之后，将信将疑，但是还是一起来到了洛阳。到这里之后，他们得知田横已死了，就一同来到田横的墓前，边祭拜边痛哭，还一起唱了一首曲调十分悲哀的歌。他们唱完歌后，伤心欲绝，不想投降，又没有能力反抗，最终全部自刎。

　　刘邦听到这个消息后，十分惊愕，他不理解这五百人怎么全都一条心，竟全都自杀了？如果这样的忠义之士能够归顺汉朝，将成为不可多得的人才，如果他们坚持不肯投降的话，还真是汉朝的心腹之患。现在，他们都死了，也算是消除了这块心腹之患。最后，他也在感慨之余，命人把这五百人全部厚葬。后来，人们为了纪念田横和这五百个义士，就把他们居住过的海岛称为田横岛。

楚霸王项羽力拔山兮气盖世

项羽，名籍，字羽，秦下相（今江苏省宿迁市宿城区）人。项羽小时候，读书不成，于是就去学剑，还是学不成，他的叔父项梁因此对他很不满，项羽却对他说："读书只能记名姓而已，学剑也只能与一人为敌，这也没什么意思，我要学就学可以敌万人的本领。"于是，项梁就教他兵法，项羽学了一点兵法后，便不肯继续学下去。后来，项梁因为杀了人，带着项羽逃到吴中（今江苏南部）躲避仇人。秦始皇巡游会稽时，项羽和项梁在一旁观看皇帝出巡，项羽对他说："我可以取代他。"吓得项梁赶紧捂住他的嘴，从此项梁对项羽另眼相看。

公元前209年农历七月，陈胜、吴广在大泽乡起义，聚兵反秦。农历九月，会稽太守也准备反秦，他找来项梁商议，项梁和项羽趁机杀了会稽太守，项梁自任为会稽守，项羽则任裨将，他们自行举兵反秦，而且很快便召集了精兵八千人。项梁率领八千人渡过长江，一些反秦队伍纷纷归附，兵力增至六七万人，进驻下邳。项梁采纳范增的建议，找到楚怀王的孙子芈心，拥立他为楚王，仍号怀王，以此争取楚国的民心。

后来，项梁在定陶之战中被秦将章邯杀死，楚怀王自定陶之败后迁至彭城。章邯又率军攻赵，大败赵军，赵王歇退至巨鹿。楚怀王任命宋义为上将军、项羽为次将率兵救赵。宋义军到达安阳后，在当地停止前进，并且一停就是四十多日。项羽不断建议进兵，但宋义都不采纳，于是项羽便杀了宋义，诸将不敢反抗项羽，拥立他为上将军。项羽还派人禀报楚怀王，怀王便任命项羽为上将军。

项羽进兵巨鹿，在这里大败秦军，其他反秦队伍望风归附，项羽成为各路军队的统帅。随后，章邯率部向项羽投降，项羽担心日后降兵可能有变，只留下章邯、秦长史司马欣和都尉董翳，然后命楚军在新安城南杀死二十多万秦国降兵。

项羽继续向关中进军，但刘邦已经抢先一步进入关中，并且占领了咸阳。刘邦的部下左司马曹无伤对项羽说："沛公欲在关中称王，使子婴为相，将珍宝全部据为己有。"项羽听完后大怒。当时，项羽统率四十万大军，而刘邦的军队只有十万人。范增不断游说项羽铲除刘邦，项羽在鸿门宴请刘邦，但席间没有杀他，刘邦平安离去。公元前206年，项羽进入咸阳，杀了秦王子婴，烧毁了秦朝的王宫。

这个时候，有人劝项羽留在关中成就霸业，但是项羽却不愿留在关中。虽然项羽名义上是楚怀王的臣子，但这时的怀王已不能制约项羽。项羽尊楚怀王为义帝，自立为西楚霸王，统治梁楚九郡，定都彭城，他自己分封天下，把自己一些有功的部下和反秦将领封为王，刘邦被封为汉王，秦降将章邯、司马欣和董翳三人也被封为王。不久，项羽把楚怀王徙至长沙郴县，暗中派人在半途杀死他。项羽还改动了六国的封地，这些举动令很多人不服，齐、赵等国很快便发生了动乱。

公元前206年，项羽因在齐地用兵，汉王刘邦发兵占领关中。次年，刘邦会同诸侯军队共五十六万人攻楚，占领彭城，项羽率三万精兵从齐国回救，大败汉军，汉军损失数十万人，刘邦侥幸逃脱。项羽率兵向西追击，汉军坚守荥阳，令楚军无法再向西前进。楚军攻下荥阳，刘邦命纪信扮成自己去骗项羽，项羽大怒，纵火烧死纪信，此后，楚汉两军在河南反复交战，韩信率汉军在黄河以北屡战屡胜。

随后，西楚霸王项羽和刘邦议和，项羽率十万楚军绕南路、向固陵方向的迂回线路向楚地撤军，刘邦也率军准备西返。正当刘邦打算率军西返之时，张良、陈平却建议撕毁鸿沟和议，趁楚军东返疲惫之机，从其背后发动偷袭。刘邦于是采纳二人建议，在背后追击楚军。大军追至夏南时，刘邦约集韩信、彭越南下，共同合围楚军。

农历十月，刘邦率二十多万大军追击十万楚军至固陵（今河南太康），韩信、彭越却没有一个出兵配合刘邦。项羽知道这个消息后，突然发动反击，斩杀汉军两万余人，再次将汉军击败。刘邦慌忙率军退入陈下，并筑起堡垒坚守不出，楚军则包围了陈下。

刘邦调动韩信与彭越前来救援，两人迟迟不来，刘邦问张良："他们为什么不来相助？"张良回答："楚兵很快就要被打败了，韩信、彭越还没有分地，你要能与他们共分天下。你把自陈到东海的地方给韩信，睢阳以北至谷城的地方给彭越，他们肯定会出兵来灭楚的。"

于是，刘邦采纳张良的意见，将陈以东直到大海的大片领土封给韩信，睢阳以北至谷城封给彭越。刘邦给了韩信、彭越封土之后，他们尽数挥军南下，刘邦还命令刘贾率军联合英布自淮地北上，五路大军共同发动对项羽的最后合围。垓下之战随之开始。

韩信亲率三十万大军从齐地南下，占领楚都彭城和苏北、皖北、豫东等地，兵锋直指项羽楚军的侧背；彭越率军数万从梁地出发，先南下后西进，于刘邦本部军共同逼楚军后退；汉将刘贾率军数万会同九江王英布、合兵十万，自淮北出发，从西南方发动对楚地的进攻。五路汉军从几个方向形成了合围楚军之势，项羽被迫率十万楚军向垓下后撤。

刘邦、韩信、刘贾、彭越、英布等五路大军在垓下完成了对楚军的合围，刘邦命韩信统帅联军，指挥大军作战。韩信命彭越军自北封闭通路，刘贾、英布军自南将楚军外围出路全部封闭，韩信大军则与刘邦本

第三章 勇武篇

部军合成一体，向困守垓下的十万楚军发起总攻。

这个时候，楚军处于绝对劣势，因为楚军开始缺粮，士兵饥饿，军队无法解决补给问题；西楚位于长江以北的全部土地均已失陷，十万楚军成为孤军；楚军离江东五郡距离遥远，即使冲破包围圈，也很难在汉军的追击下及时回到己方领土。而汉军精力饱满、粮食充足、士气旺盛，他们分五路有秩序推进，先占楚土，再行合围，步步为营，楚军难以发动有效的反攻。

韩信率主力大军排出了这样一个阵形：韩信亲率三十万大军居中，为前锋主力；将军孔熙率军数万为左翼；陈贺率军数万为右翼；刘邦率本部主力尾随韩信军跟进，将军周勃率军断后。项羽的楚军已经既不能守，也不能退。项羽认为以一次楚军最擅长的强力突破韩信的主力大军，然后直接击溃刘邦的指挥系统，这样还可以扭转战局！

韩信的心中很清楚楚军会怎么做，他故意将自己的指挥部设在三十万大军所组成的数道铁墙的最后方，后面紧挨着刘邦本部十几万大军，最后面是周勃军；同时左右方各有孔熙、陈贺两个大阵配合。这样排阵，项羽发动进攻突破了三十万大军的战阵就很难了，如果项羽突破了三十万大军的战阵，他可以迅速退回至刘邦十万主力的保护之中，继续保持指挥作战；如果再被突破，周勃的后军负责掩护刘邦和韩信二人逃离战场；最重要的是汉军的左右两翼，如果项羽一旦发动中央突破战术，则左右两翼可以趁机向楚军后方迂回，这样则完全可以牵制楚军。

战争开始后，韩信率大军向楚军发动挑衅，项羽立刻率十万楚军直扑韩信本部。项羽亲自率军出击，冲锋在前，楚军以骑兵在前、步兵在后随其冲锋，汉军前阵立刻被击溃。韩信立刻命令大军后撤，汉军且战且退，楚军则是继续突击。项羽率十万将士猛打猛攻，连破汉军数道防线，三十万大军溃散一半。这个时候，孔熙、陈贺所率的左右两军也自楚军左右两侧进行迂回，其目的是为了迁制楚军进攻。经过半日厮杀，楚军杀敌无数，韩信率军不断地向后退却，楚军不断追击队形越来越散、越拉越长，已经渐渐失去了紧密的队形和互相之间的配合。

战至午后，汉军中军一退再退，左右两军完成迂回，形成了前后夹击楚军之势。汉军左右军开始进攻楚军后方侧翼，并且迅速合围了落在后面的楚军步兵，将楚军步兵、骑兵一分两半。项羽不得已，只好率骑兵回援步兵。这个时候，韩信开始发动反击。数十万汉军向楚军发起了前后夹击。项羽见势不妙，立刻率全军向反方向突围，冲开汉军的包围，退回营中。随后，韩信率领全军彻底包围了楚军大营。为了动摇楚军军心，张良还派人找来会唱楚国民歌的人，让他们到汉军中唱楚歌。

晚上，项羽刚睡下，忽然听到四面汉军军营里全都唱起了楚歌，他再也睡不着了，只好起来与虞姬一起喝酒解闷。虞姬还舞剑为项羽解闷，项羽情不自禁地唱起歌：

"力拔山兮气盖世，时不利兮骓不逝。

骓不逝兮可奈何，虞兮虞兮奈若何？"

虞姬听项羽唱得伤心，劝他赶快突围出去，项羽拉住虞姬的手，十分不舍。虞姬为了让项羽安心突围，趁项羽不注意，挥剑自杀了。虞姬死后，项羽带着八百江东子弟兵趁着黑夜突围而出，度过淮河后，只剩下一百多人了，慌忙中又迷了路。项羽向一个路人问路，那人骗他说向左，把他引向了沼泽。灌婴率军追上来，项羽一阵冲杀，突出了重围，手下只剩下二十多人。

项羽带着二十多人来到乌江，对乌江亭长说无颜见江东父老。他带着二十多人与汉军死战，手下很快全都战死了，项羽也受了十几处伤，遂拔剑自刎于乌江边。汉将王翳割下了项羽的头，赵喜等五汉将将项羽分尸，各得一肢体，刘邦将赵喜等五人封侯。

第三章 勇武篇

大将军徐达纵横沙场

公元1353年农历六月，朱元璋回乡招募士兵，徐达正在家里种地，听到消息，便投奔到朱元璋部下，开始了跟随朱元璋征战的戎马生涯。一年，朱元璋带着徐达等人相继攻克河州新塘、三汊河、阳泉，攻下徐官仓寨，朱元璋部的声势大振。公元1354年农历五月，徐达随朱元璋攻克全椒，农历七月攻克滁州。公元1355年正月，朱元璋部队因缺乏粮饷，进攻和州（今安徽和县）筹集军粮。徐达率军先行，他与张天祐、汤和一道攻下和州立下战功，被朱元璋擢升为镇抚。

不久，起义军中发生了一件事：孙德崖部缺粮，孙德崖亲自到和州请求朱元璋资助，朱元璋以大局为重，不计前嫌收留了孙德崖。过去，郭子兴与孙德崖有过矛盾，他知道这个消息后，特别生气，亲自从滁州赶到和州，当面训斥了朱元璋。孙德崖听说了这件事后，很担心，他准备悄悄溜走。

朱元璋几经挽留孙德崖，但孙德崖执意要走。忽然，有人前来向朱元璋禀报：郭子兴和城中尚未走掉的孙德崖部打了起来，孙德崖被郭子兴捉了。朱元璋听到后，大吃一惊，他赶忙劝郭子兴把孙德崖放了。孙德崖的部下误以为这是朱元璋的阴谋，便把他五花大绑，并扬言要杀了朱元璋。徐达听说朱元璋被人扣留了，就毅然请求替朱元璋作人质。后来，经多方调解，孙、朱都被对方释放，这场危机才算平定下来。然而，经过这件事，朱元璋很欣赏徐达的舍身相救，两人的关系更加密切了。

不久，郭子兴病死，朱元璋成为这支起义军的首领。朱元璋感觉仅仅据有和州难以实现他的大业，他必须渡过长江向南发展，但是苦于没有船只。朱元璋正在犹豫之时，巢湖水军头领赵普胜、廖永安、俞廷玉、俞通海、廖永忠等率军归附。朱元璋十分高兴，他对徐达说："我正准备渡江，巢湖水军就来归附，我还愁大事不成吗？"于是，朱元璋派兵遣将，部署作战方略，徐达与诸将听命，各自挥师进发，直抵牛渚矶。常遇春为先锋，他率先登上岸，徐达等率军一拥而上。经过激烈的战斗之后，元军兵力不支，溃败而逃，徐达等占领了牛渚、采石，沿江一带元兵望风而降。

此后，朱元璋根据当时的形势，提出继续进攻周围州县，他对徐达说："今天我们渡江，幸好取得胜利，应当乘胜攻取太平。如果我们的军队取了财物就走，再举事就难了，大事就很难办成了！"徐达表示赞同。朱元璋为坚定将士们前进的决心，采取"置之死地而后生"的策略，下令砍断渡船缆绳，然后让船顺流而下。众人一见大惊，朱元璋对他们说："成大事者不贪小利。这里离太平已经很近，这个时候不攻取，以后一定会后悔。"士兵们只好听命，他们吃完饭，就从观渡（采石附近）向太平进发，经太平桥直达城下，然后派兵急攻。守城的元军抵御不住，守将弃城而逃，其他将领被俘。

第二年农历三月，朱元璋率大军攻打集庆，徐达为先锋，率水陆两军并进。到了江宁镇，他攻破了陈兆先的大营，陈兆先率部投降。十月后，大军再攻集庆，在蒋山（今南京钟山）大败元兵。元御史大夫福寿出城应战，被徐达击败。大军乘胜攻城，冯胜率陈兆先部奋勇冲击，终于攻破城门。最终，福寿战死，海牙逃奔张士诚，水军元帅康茂才率军投附。朱元璋占领集庆后，改集庆路为应天府。

徐达在攻打采石、太平、集庆的战役中，作战勇敢，功勋卓著，成为朱元璋的得力战将。朱元璋占领应天后，基本解决了粮食问题，也有了根据地。但是，他面对的军事形势还很严峻：南有元将八恩尔不花驻守徽州（今安徽歙县），石抹宜孙驻处州（今浙江丽水），石抹宜生驻婺州（今浙江金华），宋伯颜不花守衢州；天完徐寿辉则攻占了池州（今安徽贵池）；东有元将扼守镇江，青衣军张明鉴据扬州；张士诚占据平江（今江苏苏州）、常州，以及浙江西部地区。

朱元璋为了摆脱军事上的不利，在占领应天后，任命徐达为大将军，统兵东下，进攻镇江。大军出发前，朱元璋开始整顿军队纪律，禁止士兵抢掠，他还故意找徐达的麻烦，并且要按军法处置，暗地又指派李善长当众苦苦求情，然后才为徐达松绑，然后当面告诫："我自起兵，没有乱杀过一个。你带兵去了那里后，要体会我的良苦用心。攻城之后，不要焚掠，更不能杀戮。有犯令者处以军法。"

徐达率军进攻镇江，不到两天就打败元军，杀了守将定定、段武。徐达率军从仁和门入城，部队纪律严明，老百姓照常生活，就像没打过仗一样，因此很得老百姓的拥护，附近地方的老百姓也都翘首盼望他们早日到来。此役之后，徐达以战功升任统军元帅，镇守镇江。他恪尽职守，兢兢业业，一边安抚百姓，一边分兵回击，攻下金坛、丹阳等地，以巩固镇江，防止张士诚侵入。

不久，朱元璋在应天自称吴国公，设立了行政机构和军事管理机构——江南行枢密院，任命徐达为枢密院同佥。徐达身为江南行枢密院同佥、镇江统帅，此后打退了张士诚军的多次进攻，乘胜出击，围困常州。常州守敌据城固守，城内兵粮充足，他们不肯投降，徐达久攻不下。朱元璋把徐达及其属下都官降一级，以示惩罚。徐达面对久攻不下的常州和张士诚军的反扑，处变不惊，沉着指挥。与此同时，常遇春、廖永安、胡大海等率部赶来增援，大败张士诚军，生擒敌将张德，残敌溃逃奔入城内。张士诚见常州危急，派手下大将吕珍夜间潜入城内，加强防守能力。徐达率军轮番猛攻，吕珍见士气低落，难以支撑，丢常州而逃。

历时达半年之久，徐达终于拿下了常州。接着，徐达乘胜进攻宁国（今安徽宣城）、宜兴、常熟、江阴马驮沙（今江苏靖江）等地，宜兴到靖江一线尽为朱元璋所有。经过两年多的征战，朱元璋以应天为中心的政权逐步稳定，基本控制了江苏、安徽南部和浙江西北部地区。

公元1363年，陈友谅纠集号称六十万人的大军，驾高数丈的巨舰倾巢而出，围攻南昌。朱元璋的守将朱文正、赵德胜、薛显、邓愈率领全城将士殊死搏战，坚守八十五天，陈友谅未能拿下南昌。朱元璋紧急调兵遣将，准备与陈友谅决战。朱元璋指派徐达回师救援南昌，他自己亲率二十万大军攻击陈友谅。陈友谅听说朱元璋亲率大军到来，遂停止包围南昌，出鄱阳湖应战。这是一场关系到双方生死存亡的大战，史称"鄱阳湖之战"。

徐达作为主攻部队率军先行，先与陈友谅相遇于康郎山（今江西南昌康山），两军对阵。陈友谅人多势众，舰船高大，气势汹汹，徐达毫无惧色，冒死闯阵，其部下将士大受鼓舞，奋勇冲杀。徐达一举击败陈友谅前锋，斩杀一千五百余人，缴获巨舰一艘，初战告捷。

此后，俞通海乘风发射火炮，焚毁陈友谅二十余艘大船，烧死、溺死很多敌军。徐达则连续酣战，奋力拼杀，大火从敌船烧到徐达的战船上，他一边指挥士兵扑火，一边继续指挥战斗。徐达越战越勇，并指挥战船在敌阵中节节推进。双方在康郎山鏖战一天，在徐达等勇将的率领下，殊死搏战，击退了陈友谅的进攻。此战，徐达首挫敌锋，壮大声威，为朱元璋取得决战胜利奠定了基础。当天晚上，朱元璋为防止东线张士诚利用鄱阳湖大战之机乘机侵入，命令徐达回守应天。徐达走后，朱元璋指挥士卒继续与陈友谅在鄱阳湖上血战，终于击毙陈友谅，全歼陈军主力，取得鄱阳湖大战的胜利。

徐达回到应天后，修缮城池，缉查奸细，加强东线守备力量。张士诚无缝可钻，不敢贸然进犯。后来，朱元璋称赞徐达："我让你回守应天最为放心，无论遇有什么问题，你都能妥善处理。"鄱阳湖大战后，朱元璋回到应天，徐达又率军攻克庐州。不久，徐达又奉命再返湖广前线，他率兵先后相继攻取江陵、夷陵（今湖北宜昌）、湘潭（今湖南湘潭）、辰州（今湖南沅陵）、衡州（今湖南衡阳）、宝庆（今湖南邵阳）、靖州（今湖南靖县）等地，彻底消灭了陈友谅的残余势力。徐达在这些战役中立了赫赫战功，为表彰徐达的功绩，朱元璋封徐达为左相国，位列众将之首。

公元1365年，徐达奉命率马步舟师水陆并进，进攻淮东、泰州等地。徐达大军渡过长江后，先一举攻克海安坝（今江苏海安），然后包围泰州。经过一个多月的血战，徐达终于攻克泰州，擒守将严再兴五千余人。之后，徐达又攻下通州、兴化、濠州等地。徐达在这些战斗中，师出迅捷，变化无穷，表现出卓越的指挥才能。

之后，朱元璋任命徐达为大将军，常遇春为副将军，率军二十万讨伐张士诚。徐达使用反间计，使张士诚的老巢平江完全陷入孤立。次年，徐达亲率将士攻入平江城内，张士诚带兵巷战，但手下已无斗志，纷纷投降。张士诚见大势已去，纵火烧死妻儿，自己上吊自杀，后被部将解救，徐达擒获张士诚后，将他押送往应天。徐达严格约束部下，立下军令："掠民财者死，毁民居者死，离营二十里者死！"徐达率军入城，秋毫无犯，老百姓都很欢迎他。

公元1367年，徐达为征虏大将军、常遇春为副将军，他们率军二十五万开始北取中原。农历十二月，徐达攻克济南，俘获数千元军和马匹。第二年正月，朱元璋在应天登基称帝，建国号为明，建元洪武，徐达被封为中书右丞相、兼太子少傅。

元顺帝逃至上都，军事上仍然具有一定实力，对明朝还有很大的威胁。徐达统帅大军攻取山西、秦陇，这时候元将扩廓帖木儿北出雁门关，进攻北京，徐达抓住机会，乘虚直捣太原，使其失去根据地，一举平定山西。徐达抓住陕西元军李思齐、张思道观望不敢主动出击的时机，直入奉元，进逼临洮，围困庆阳，李思齐投降，张思道被杀。徐达在这些战役中出奇制胜，表现出过人的胆略和指挥才能。

徐达出师平定关陇后，明朝在北方的势力范围已达今河北、山西、陕西、宁夏、甘肃一线。但是，元朝的扩廓帖木儿仍驻扎在沈儿峪（今甘肃定西西北），纳哈出驻屯金山，失喇罕驻军西凉州（今甘肃武威），火儿忽答驻扎云州（今河北赤城北云州镇）。扩廓帖木儿在西北活动猖獗，他趁徐达回京时，大举围攻兰州。

公元1370年春，徐达被任命为征虏大将军，率李文忠、冯胜、邓愈、汤和等分兵两路，扫荡北方的元朝残余势力。徐达从潼关向西进军，直捣定西，进攻扩廓帖木儿。徐达这次北征，取得很大的胜利，逼使元朝残余势力向应昌、定西北撤。从此，明朝北边的防御趋于稳定。农历十一月，徐达班师回朝，朱元璋亲自迎接他。随后，朱元璋大封功臣，徐达因功被授光禄大夫、左柱国、太傅、中书右丞相参军国事，封魏国公，岁禄五千石，子孙世袭。

公元1372年正月，朱元璋为了进一步打击残余元军，再次任命徐达为征虏大将军率军北征。这次大规模的北征，兵分三路，徐达为中路军，从雁门关出塞，直趋和林。农历三月，徐达率军抵山西边境，命蓝玉为先锋，出雁门关向北挺进。蓝玉在野马川击败扩廓帖木儿的流动部队，徐达在土剌河（今蒙古国的土拉河）再次击败扩廓帖木儿的部队。扩廓帖木儿败逃后，与贺宗哲合为一军，在岭北布下阵势阻击徐达大军。结果，明军受到重挫，死伤数万人。徐达急忙下令收缩战线，坚守不战，敛兵守塞。

元朝的残余军事力量很难一时消灭，明朝遂调整战略从以攻为主转为以防御为主。此后，徐达长期在北平、山西一带练兵备边，镇守北方。因为长期的奔波劳累，徐达积劳成疾，一病不起。1384年农历闰十月，徐达在北平病重，朱元璋派人将他接回应天。1385年农历二月，徐达在应天的府邸病逝，他死后被追封为中山王，谥号武宁，赐葬钟山，配享太庙，名列功臣第一。

郑成功驱逐荷兰侵略者收复台湾

台湾自古以来是中国的领土。三国时期，孙权曾派卫温、诸葛直率军一万余人到台湾，后来两地更是来往频繁。宋元时期，我国已在台湾设立了正式的行政机构，它隶属福建省管辖。明朝末年，天下大乱，明朝统治者无暇顾及台湾，荷兰殖民者乘虚而入。公元1604年，荷兰人强行侵占了澎湖列岛。公元1624年，荷兰侵占了台湾。同时，荷兰殖民者在台湾西南建立台湾城，第二年又修建了赤嵌城。后来，荷兰殖民者从西班牙手里夺取了台湾北部的鸡笼、淡水，成为彻底独霸台湾的殖民者。台湾人民曾多次奋起反抗荷兰殖民者，但是都惨遭镇压。

郑成功的父亲郑芝龙率人驾驶十三艘大船，从日本进入台湾，在这里扎下了根基。后来，郑芝龙被明朝招降离开了台湾，但是他的很多旧部留在了台湾。后来，郑芝龙做了明朝的总兵，他利用其旧部仍控制着台湾海峡，垄断闽海贸易，荷兰殖民者对他也不敢小觑。郑家对台湾很有影响，郭怀一曾用郑家的名义起义反抗，结果被镇压下去。之后，荷兰殖民当局就对郑家加强了防范。

郑成功北伐失利后，带兵退守厦门，何廷斌带着台湾的布防情报和地图来找郑成功。他对郑成功说："您为什么不到台湾呢？这里是您的故地，沃野千里，使人耕种，可以获得大量军食。台湾又横绝大海，四通外国，经商可以富国。台湾民众受荷兰人凌辱已久，常怀反抗之心，但是苦于群龙无首。如果你率军进入台湾，驱逐荷兰人，这肯定是件很容易的事！你夺得台湾，进退有据，何愁成不了大业？"何廷斌的一席话，坚定了郑成功收复台湾的决心。

公元1661年，郑成功让儿子郑经留守金门、厦门，自己则准备亲自带军去台湾。农历二月，郑成功率领众将士在金门举行隆重的誓师仪式，船舰集结于金门料罗湾，准备收复台湾。二十三日，郑成功率领第一梯队起航。第二天早晨，大军横越台湾海峡，陆续到达澎湖列岛。二十五日，郑成功巡视各岛，认为澎湖列岛在军事上位置显要，于是就留下一些兵马留守，自己率军继续前进。

两天后，郑成功率军驶抵柑橘屿海面，这个时候突然刮起暴风，他只好无奈地准备返回澎湖列岛。因为大风一直没有停，大军携带的粮食已所剩不多，郑成功当机立断，决定进行强渡。郑成功亲自率船队同狂风大浪搏斗，于农历四月初一拂晓航行到鹿耳门港外。然后，郑成功先登上北线尾，勘察地形，并派出精良的潜水健儿进入台江内海，侦察荷兰军的情况。

荷兰殖民者修筑的台湾城与赤嵌城互为犄角，从外海进入台江有两条航道：南航道是大员港；北航道在北线尾与鹿耳门屿之间，即"鹿耳门航道"。南航道口宽水深，船很容易驶入，但是港口有敌舰防守，陆上有重炮控制，必须经过激战才能通过；北航道道窄水浅，平时只能通过小舟，在涨潮时大船才能通过。荷兰殖民者认为，凭此天险，只要用舰船封锁南航道，与台湾城、赤嵌城的炮台相配合，就能阻止郑成功登陆。

郑成功早已经掌握了这里的潮汛规律，并已探测过从鹿耳门到赤嵌城的港路，所以他决定选择鹿耳门港作为战争的突破口。农历四月初一，鹿耳门海潮大涨，郑成功命令将士迂回前进。很快，大小战舰顺利通过了鹿耳门，然后兵分两路，在北线尾与禾寮港登陆。荷兰军突然面对浩浩荡荡的郑成功船队，一时束手无策。郑成功登陆之后，立即在台江沿岸建立起滩头阵地，准备从侧背方向进攻赤嵌城。台湾的民众见郑成功带军到达，争先恐后地来迎接他们，帮助他们登陆。

很快，郑成功军队就登陆了，并且包围了赤嵌城，割断了赤嵌城与台湾城之间的联系。当时，守卫赤嵌城的荷军有四百人，台湾城中的荷军有一千一百人，战舰各两只。荷军虽然兵力很少，但是他们的气焰很嚣张，妄图凭借船坚炮利、城堡坚固，向郑军实施反扑。

郑成功从禾寮港登陆扎营后，遭到赤嵌城荷军的炮击，荷军还放火焚烧马厩、粮仓。郑成功怕粮食被毁，派杨英等率军前往看守并转移。郑成功紧接着调整了部署：命令左虎卫王大雄、右虎卫陈蟒率船队控制鹿耳门海口，准备接应第二梯队登陆；令宣教前镇陈泽率兵防守北线尾一带，以保障主力的安全，这样就使荷军陷入了腹背受敌的境地。郑成功还派兵监视台江江面，切断赤嵌城与台湾城荷军的联系，为从海陆两面打败荷军的反扑做好准备。

农历四月初三，北路发生了北线尾陆战。北线尾是一个约一平方公里的沙洲，南与台湾城相对，北临鹿耳门航道。荷军上尉贝德尔率兵，乘船沿台江岸边急驶北线尾，上岸后，兵分两路向郑成功军反扑。贝德尔指挥荷军以十二人为一排，以疏散战斗队形放枪。郑成功手下陈泽率兵从正面迎击，另派一部分兵力迂回到敌军侧后，前后夹击荷军。贝德尔发现腹背受敌，不知所措，荷军士兵更是惊慌不已，许多人还没有开火便把枪丢掉，抱头逃窜。郑成功军乘胜猛攻，一举歼灭荷军，当场击毙贝德尔。

此时，南路增援赤嵌城的荷军也被郑成功军战败。两百荷兰人组成的援军，他们乘船沿台江南岸驶往赤嵌城，郑成功发现后，立即出动铁人军还击。结果，荷军只有六十人上岸，当即被铁人军消灭，荷军残部逃回台湾城。这时，赤嵌城荷兰守将派人前往台湾城，要求再派百余人救援赤嵌城。荷兰殖民者经过评议，认为台湾城的处境也很危险，于是就拒绝了增援的请求。

在此次战争期间，郑成功军与荷兰军还在海上发生了大规模遭遇战。荷兰海军以仅有的两艘战舰和两艘小艇阻击郑成功军，因为荷兰的战舰很大，设备先进，所以郑成功以六十艘大型帆船包围了它们。荷兰舰"赫克托"号先开炮，其他战舰也跟着开火，郑成功的水师在陈广和陈冲的指挥下，奋勇斗争。经过激烈战斗，"赫克托"号被击沉了，剩余战舰企图逃跑，被郑成功的军舰紧紧包围，"格拉弗兰"号和"白鹭"号被重创逃脱，通信船"伯玛丽亚"号被大败后逃往巴达维亚。

至此，荷兰殖民者的海陆作战均失败了，赤嵌城和台湾城也成为两座孤城，相互间的联系也被割断了。

初战告捷，郑成功继续加紧对赤嵌城的包围。赤嵌城周长四十五丈，高三丈六尺，城墙上有四座炮楼。农历四月初三，郑成功的士兵在赤嵌城外抓到了两个荷兰殖民者，郑成功对他们讲明利害，放他们回城，劝说荷兰殖民者投降。后来，郑成功又派部将杨朝栋和翻译吴迈、李仲前去劝降，说明不会伤害荷兰人，并允许荷兰人带走自己的财产。农历四月初四，赤嵌城的水源被彻底切断，荷兰军头目见援兵无望，孤城难守，只好挂白旗投降。就这样，郑成功收复了赤嵌城。

赤嵌城的荷兰军头目投降后，郑成功又让他们前往台湾城劝揆一无条件投降，揆一却拒绝了。郑成功和手下分析形势，认为只有迎头痛击，他们才会放下武器。荷兰人多年经营的台湾城，周长两百多丈，高三丈多，分三层，下层深入地下一丈多，城垣用糖水调灰垒砖，城堡坚固；城的四角向外突出，置炮数十尊，防御设施完备。城内荷军尚有八百七十人，他们的炮火密集，射程远，能够封锁周围每条通道，所以凭借城堡继续顽抗。

郑成功积极准备攻城，他两次写信给揆一，劝他投降。后来，他又调集二十八门大炮，摧毁了台湾城大部分城墙。荷军在城上集中枪炮还击，并出城抢夺郑成功军的大炮，结果被弓箭手击退。郑成功发现台湾城城池坚固，强攻难以得手，为了减少部队伤亡，决定围困城池逼迫他们投降。

随后，郑成功派提督马信率兵包围台湾城，围困荷军；他还派人分驻各地屯垦。同时，郑成功还到高山族聚居的四大社（新港、目加溜湾、肖垅、麻豆）进行巡视，受到当地人民的热烈欢迎。

不久，郑成功大军的第二梯队六千多人，在黄安等人的率领下，乘二十艘船抵达台湾，郑成功军的兵力得到加强。郑成功遂下令在所有通向台湾城的街道上都筑起防栅，并挖了一条很宽的壕沟，重重围困荷军。郑成功再次写信劝揆一投降，再次遭到拒绝。

二十多天后，荷兰政府派出十艘军舰、七百名士兵，由雅科布·考乌率领，经过三十八天的航行，于农历七月十八日到达台湾海面。他们见郑成功的战船阵容庞大，加之海上风浪很大，便在海上停留。停留了近一个月之后，荷兰的五艘战船才在台湾城附近海面停泊，结果"厄克"号触礁沉海，船上士兵全部被俘。郑成功从俘虏口中得知荷兰援军的实情，于是加紧围城和打援的部署。

农历七月二十一日，荷兰殖民者当局企图利用增援的舰船和士兵把郑成功赶出台湾，他们分海、陆两路向郑成功军发起进攻。在海上，荷兰军舰企图迂回到郑成功的军舰后侧焚烧船只，郑成功的水军隐蔽岸边，当敌舰闯入埋伏圈后，立即开炮。双方经过激战，郑成功的水军击毁两艘荷舰，俘获三艘小艇、一个艇长、一个尉官，击毙击伤一百二十八人。其余荷军军舰逃跑，此后再也不敢轻易与郑成功军交战。

郑成功把台湾城的荷军包围了数月，城内荷军士气低落，不愿再战。农历十月，揆一为了逃脱灭亡的命运，企图与清军勾结，夹击郑成功军。揆一派使者到达福建，清军要求荷兰人先派战舰帮他们攻打厦门，然后他们再帮助荷兰军解围。可是，荷军派去攻打厦门的船只，中途却逃跑了。荷军的企图落空了，士气更低落了，不少士兵陆续向郑成功军投降。

郑成功从俘虏口中了解到荷军的最新情报，立即决定向荷军发起猛烈的攻击。为此，郑成功还建了三座炮台，挖了许多壕沟，以遏制荷军的炮台。公元1662年正月二十五日清晨，郑成功军向乌特利支圆堡猛烈发射炮弹，将圆堡南部打开了一个缺口，当天占领了这里。郑成功军居高临下，将此堡改建炮台，向台湾城猛烈炮击。荷军困守无援，揆一在城上看到城防已被突破，不知无措。郑成功派李仲入城劝降。公元1662年农历二月初一，荷兰驻台湾长官揆一签字投降，荷军交出了所有城堡、武器、物资。台湾城被围近九个月，荷军死伤一千多人，揆一最后带着包括伤兵在内的约九百名荷兰军民，乘船撤离台湾，郑成功彻底收复台湾。

第四章　忠义篇

关羽忠义如山，富贵不可动摇

关羽是三国时期蜀国的名将。关羽从小就身体强壮，后来喜欢上舞刀弄枪。他长大成人后，十分讲义气，在家乡因为帮助别人而杀了人，为了避罪逃到涿县（今河北涿州）居住。后来，关羽在此结识了刘备和张飞，三人情同手足，感情融洽，在桃园中结拜为异姓兄弟。

黄巾大起义爆发后，刘备身为刘氏皇族旁系宗亲，也招募了一支规模较小的队伍，参与镇压黄巾起义军。关羽和张飞一起参加了刘备领导的军队，此后他就一直追随着刘备，忠心耿耿，南征北战，战功显赫，成为刘备的得力干将。之前，刘备身为没落的宗室后人，没有什么势力，在当地富商的资助下，才组建起了自己的队伍。在关羽、张飞等人的协助下，刘备的队伍打了不少胜仗，队伍日益壮大。后来，刘备本人因为镇压黄巾起义有功，被提拔为安喜（今河北安国西北）的县尉。

公元189年，汉灵帝驾崩，朝廷中各种势力开始争夺权力，朝野一片混乱。外戚何进拥立了新皇帝，朝中的宦官联手杀了何进，把持朝廷事务。后来，军阀董卓率兵进入京城洛阳，废黜了何进拥立的皇帝，拥立汉献帝即位，他把持朝廷事务，独揽大权。第二年，一些地方势力推举袁绍为盟主，联合起兵讨伐董卓，刘备也率部参加了讨伐董卓的战争。关羽跟随刘备出征，他作战十分勇敢。在汜水关一战中，董卓手下大将华雄武艺高强，连杀多员联军大将。关羽自告奋勇出战，袁术认为关羽是一名马弓手，位卑名微，出战不仅不易取胜，还会被董卓耻笑，于是不允许。曹操见关羽仪表不俗，力主他代表联军应战华雄。关羽临行前，曹操斟了一杯热酒，关羽说等胜利回来了再喝。关羽出了中军帐，力战华雄，很快便斩杀了华雄回来，这个时候酒杯中的酒还是温热的。

公元191年，董卓知道自己的力量难以抵挡联军，于是就在洛阳大肆烧杀掳掠之后，退回到长安，不久就被手下杀了。地方武装联盟也随之解体，彼此之间开始互相攻击。曹操迎接汉献帝东归，迁都许昌，他被封为汉朝丞相，从此便挟天子以令诸侯，在政治上占据了主动地位。刘备被晋升为刺史，不断扩大自己的势力范围，后来依附于徐州牧陶谦。

公元196年，曹操率军东征吕布。关羽在曹操东征吕布时，在军中多次立功，被拜为中郎将。公元199年，曹操派刘备截击袁术，刘备乘机反曹。关羽利用徐州刺史车胄出城相迎的机会，一刀劈死车胄，张飞砍下车胄的首级，招降了曹军。刘备派关羽驻守下邳，行太守之职，自己驻守小沛（今江苏沛县）。公元200年，曹操发兵攻打刘备，小沛失守，刘备落荒而逃，投奔袁绍。关羽驻守的下邳被曹军围得水泄不通，内无粮草，外无援兵。曹操爱惜关羽是个将才，手下大将张辽曾是关羽的朋友，他就派张辽去游说关羽降曹。

张辽到下邳对关羽说："现在四周到处都是曹公的人，你要是不投降，必死无疑。你这样白白死了，也没有什么好处。你不如暂时投降曹公，慢慢打听你兄长的音讯。等打听到了他的消息，再去投奔他也不迟。这样还可以保住兄长的两位夫人，又不违背桃园结义的约定，还可以保全自己，以便日后有所作为。"关羽对张辽说："我可以投降，但有三个条件：一是我只降汉不降曹。二是保证二位皇嫂的安全，按照皇叔应得的俸禄给予赡养。三是只要得知兄长刘备的下落，不管他在哪里，我都要离开曹操的军营前去投奔。如果曹公答应了我这三个条件，我立即就投降。如果不答应，我宁死不降。"曹操在张辽的劝说下，答应了关羽的条件，关羽征得两个嫂嫂的同意后，带着刘备的家眷投降。

曹操对关羽非常器重，班师回到许都后，给予他十分优厚的待遇，并上表奏请皇帝封关羽为偏将军。曹操经常请关羽宴饮，并时常赠送美女、金银和各种礼物，关羽把美女送给两位嫂嫂做侍女，金银珠宝则原封不动地保存起来。曹操见关羽的战袍破旧了，让人给关羽量身定做了新战袍，关羽却把新战袍穿在里面，把旧战袍穿在外边。曹操问他为什么这样穿，关羽说："旧战袍是大哥所赐，穿着旧战袍就像见到了他一样亲切。"曹操听了后，对他很失望。曹操把吕布的坐骑追风赤兔马赠给关羽，关羽十分感谢，他之前从未对曹操的赏赐表示过谢意，曹操不解地问原因，关羽说："这匹宝马跑得很快，以后我可以早日回到兄长的身边。"曹操听了后，很后悔。

关羽武艺高强，且非常好学，他喜欢读史书，最喜欢读《春秋》《左传》，经常秉烛夜读，手不释卷，通宵达旦。曹操通过一段时间的交往，愈发敬佩关羽的武艺和为人，他派张辽前去问关羽是否愿意留下为自己效力，关羽回答说："我知道曹公待我情深意厚，但是我的兄长对我有知遇之恩，我们发过誓要同生共死，我不能背叛他。我不可能长久地留在这里，一旦知道了兄长的下落，我就会去跟他会合，但是走之前，我一定会先报答曹公的厚恩。"张辽回去后，如实地把关羽的话向曹操禀报，曹操听完后，叹息说："关羽是一个讲诚信重义气的壮士，如果能为我所用该有多好啊！"

同年，曹操与河北的袁绍反目成仇，袁绍派大军进攻曹操，爆发了著名的"官渡之战"，这也给关羽报答曹操的厚恩提供了机会。曹操派军队驻守在官渡之北的白马，阻挡袁绍渡过黄河。袁绍兵多将广，装备精良，曹操的兵力就差得多了，跟袁绍相比处于劣势。袁绍大军渡过黄河，快速包围了白马。袁绍的前锋大将是骁勇善战的颜良，曹操的手下刘延遭到颜良的攻击，损兵折将，伤亡惨重，曹操急忙派大将张辽和关羽出兵白马援救刘延。在两军交战中，关羽连斩袁绍军队数名将领，颜良也被关羽所杀。曹军乘势掩杀，袁军溃不成军。颜良是袁绍引以为傲的大将，却被关羽轻松杀死，关羽的盖世武功名震四海。

袁绍手下还有一位名将文丑，欲为颜良报仇，领兵七万渡过黄河，直逼曹操的大营。曹操的大将张辽、徐晃等先后出战，却都被文丑击败。危急时刻，关羽出战，战了二个回合，文丑败走，被关羽赶上斩杀。袁绍接连损失两员大将，士气大减，溃败而逃。白马战后，曹操想用高官厚禄留住关羽，他再次上表朝廷，封关羽为汉寿亭侯。

此后，袁绍知道关羽为曹操效劳，杀了文丑、颜良，于是就责问刘备。刘备赶快给关羽写信，约他来袁绍处相见。关羽接到信后，禀明了的两位嫂嫂，准备立即起程。他交还了汉寿亭侯的印绶，封存了曹操多次赏赐的金银珠宝，这就是常说到的"封金挂印"。关羽写信向曹操辞行，然后率领车马上路，直奔袁绍军中去找刘备。曹操的手下将领提出派兵截回关羽，曹操叹了一口气，说："他去意已决，是一心要去找刘备，追也没有用了。"

关羽保护着两位嫂嫂路过芒砀山时，听说三弟张飞在此，非常高兴。等他见了张飞，张飞举枪便刺，两位嫂嫂上前劝道："三弟，为何如此无礼？"张飞怒喊道："他投降了曹贼！"两位嫂嫂把事情的经过说了一遍，张飞才知道错怪了二哥。关羽经过千辛万苦，终于保护着两位嫂嫂辗转找到了大哥刘备，从此三个兄弟又团聚了。

文天祥丹心一片照汗青

　　公元1236年农历五月，文天祥出生于江西庐陵淳化乡富田村，据说他出生前，祖父梦见孙儿腾云而上，就给他取名云孙。文家原籍成都，文天祥的六世祖迁居庐陵，后来文家便一直居住在此。文天祥的父亲，名仪，字士表，喜好读书，他如果遇到自己没有读过的书，即使典衣当物，也要把它买来。所以，文家的藏书很多。文天祥的父亲把书籍分门别类，做标签。他涉猎广泛，历史、天文、地理、医药、占卜等书籍都喜欢，虽然读书一生没有考取功名，但是他学识渊博，人称草斋先生。

　　文仪有七个孩子，大儿子就是文天祥。文仪教子很严，虽有时聘请塾师，但主要由自己负责孩子的教育。文仪十分喜爱竹子，认为竹子苍翠挺拔，象征坚强不屈；竹心是空的，表示虚心的品德。因此，他在自家的竹林旁建了一个小院，题名为"傍竹居"，这里就是他们父子朝夕读书的书斋。文天祥在学习功课之余，最喜欢读忠臣烈士的传记。

　　文天祥在十八岁时，前往庐陵参加乡试，结果名列第一。在庐陵考试期间，对文天祥影响最深的是参观学宫。文天祥一进学宫，目光就被欧阳修、杨邦父、胡铨等几位名臣的遗像所吸引。欧阳修在从政和文学方面都有杰出贡献，杨邦父和胡铨都是抗金英雄。文天祥怀着仰慕的心情，凝视他们的遗像，并立志要以他们为榜样！

　　文天祥立志以抗金英雄为榜样是有社会背景的。13世纪初，北方的蒙古族不断发展强大，后来成吉思汗统一了蒙古各部，建立起汗国。公元1234年，蒙古在灭金不久，又发动了征服宋朝的战争，宋朝的许多州县都被蒙古军队占领。后来，蒙古大汗窝阔台病死，诸王争权夺利，蒙古才撤兵。公元1251年，蒙哥继任汗位后，蒙古军队又大举攻宋，在邓州（河南邓州）、亳州（安徽亳县）一带驻扎重兵，南宋面临严重的威胁。文天祥在抗金英雄像前立誓，也是对这一民族危机深刻认识的反映。

公元1255年，文天祥前往白鹭洲书院读书。白鹭洲书院的主持人是欧阳守道，他的道德和文章都受人推崇。文天祥在他的教诲下，学业大进，品德升华。这一年，文天祥考中吉州贡士。第二年，他赶往都城临安（今浙江杭州）应考进士。当时，正值元宵节，临安城里格外热闹，官灯让满城通明，辉煌的宫殿掩映在灯花烛影的雾霭中，很多人在西湖游荡。临安沉醉在歌舞声色中，人们对严重的亡国危机熟视无睹。置身于这样的环境，文天祥没有丝毫的享受和沉醉。

殿试那天，文天祥拿到了"御试策"的试题。"御试策"主要提出四个问题："为什么天灾频繁、人才匮乏、兵力薄弱、虏寇入侵？"文天祥看完试题后，感到积郁心中的悲愤有了发泄之处，他运笔如飞，从清晨写到午后，一气写成了三万字的文章。文天祥直言："天灾缘于民怨，从王公到各级官员，巧取豪夺，贪得无厌，导致民怨沸腾；人才匮乏缘于士风败坏，士人追逐名利，空谈性理，对国家存亡和人民痛苦漠不关心，国家重用这种人，而有才能的人却被弃；兵力薄弱缘于国家财政困难，而财政困难则缘于官府挥霍浪费，如果拿出大部分财政专供军用，就不会兵力不足；虏寇入侵缘于农民起义。"文天祥回答完这些问题后，还建议皇帝采纳忠言，重视社会公论，使政治清明、社会安定、国家强盛。

主考官王应麟对文天祥的试卷大加赞赏，对宋理宗说："此卷精通古义，恰似明镜，忠君爱国之心坚如铁石，应为得此人才祝贺！"宋理宗看到文天祥的名字，觉得很吉利，赞道："此天之祥，宋之瑞也"，并点他为状元。不久，进士名单公布了，文天祥名列前茅。文天祥中状元不久，其父去世，按照封建社会官场的规矩，文天祥要回乡守孝三年。

公元1275年正月，元军大举进攻南宋，宋军的长江防线崩溃，朝廷下诏让各地组织兵马。文天祥得知后，立即捐献家产充当军费，并在当地招募豪杰，很快组建了一万余人的义军开赴临安。朝廷委任文天祥为知平江府，命令他发兵援救常州，后来又命令他驰援独松关。元军攻势猛烈，文天祥的义军虽英勇作战，但最终也未能挡住元军。

公元1276年正月，元军已经进至临安城下，文武官员都纷纷出逃，文天祥被任命为右丞相兼枢密使，派他出城与元军谈判讲和。文天祥到了元军大营，却被主帅伯颜扣留，宋朝皇上见大势已去，只好献城纳土，向元军投降。元军占领了临安，但是两淮、江南、闽广等还在南宋将领的控制下。于是，伯颜企图诱降文天祥，利用他的声望来让这些地方归顺。文天祥宁死不屈，伯颜只好将他押解北方。行至镇江，文天祥冒险逃走，经过许多艰难险阻，辗转到达福州，被宋端宗赵昰任命为右丞相。

文天祥对张世杰把持朝政不满，又与陈宜中意见不合，于是就离开朝廷，以同都督的身份在南剑州（今福建南平）指挥抗元斗争。不久，文天祥又先后转移到汀州（今福建长汀）、漳州、龙岩、梅州等地，联络各地的义军抗元。此后，文天祥率军由梅州出兵，进攻江西，在雩都（今江西于都）打败元军，然后以重兵进攻赣州，以部分人马进攻吉州（今江西吉安），陆续收复了许多州县。元将李恒在兴国县发动反攻，文天祥兵败，收容残部退往循州。

公元1278年夏，文天祥得知南宋朝廷移驻厓山，于是他率军前往，准备与朝廷的人马会合。但是，张世杰坚决反对，文天祥只好率军退往潮阳县。同年冬，元军来攻，文天祥在率部向海丰撤退的途中，兵败被俘。

文天祥被俘后，服毒自杀未遂，被元军押往厓山，让他写信招降张世杰。文天祥说："我不能保护父母，难道还能教别人背叛父母吗？"元军一再强迫文天祥写信，文天祥就将自己所写的《过零丁洋》一诗交了上去，元军首领张弘范读到"人生自古谁无死，留取丹心照汗青"，不禁大受感动，此后不再逼文天祥了。

后来，南宋被元军在厓山消灭，张弘范向元世祖请示如何处理文天祥，元世祖说："他是难得的忠臣！"让张弘范以礼相待文天祥，将他送到大都（今北京），软禁在会同馆，伺机劝降文天祥。元世祖先派降元的宋臣留梦炎劝降文天祥，文天祥一见留梦炎便怒不可遏，留梦炎只好作罢。元世祖又让降元的南宋皇帝赵㬎来劝降，文天祥只是跪在地上痛哭，然后对赵㬎说："圣驾请回！"赵㬎只好怏怏地走了。元世祖大怒，于是下令将文天祥双手捆绑，戴上木枷，关进牢房。

后来，元朝丞相孛罗亲在枢密院大堂审问文天祥，文天祥对孛罗行了一个拱手礼。孛罗令左右强制文天祥下跪，文天祥竭力反抗，最终坐在地上，始终不肯下跪。孛罗问文天祥："你有什么话说？"文天祥回答："天下事有兴有衰。国亡受戮，历代皆有。我为宋尽忠，只愿早死！"孛罗说："你要死？我偏不让你死。我就要关着你！"文天祥说："我死都不怕，还怕关押我？"

此后，文天祥在监狱中度过了三年的时光，其间他收到女儿的来信，得知妻子和女儿都在宫中为奴，过着囚徒的生活。文天祥知道女儿的来信是元廷的暗示：只要他投降，家人就可以得到解脱，一家人可以团聚。文天祥尽管心如刀割，却不愿因妻子和女儿而丧失气节，他回信给女儿让她们好好做人，其他的自己也管不了。

公元1282年农历三月，元朝权臣阿合马被刺杀，元世祖下令追查阿合马的罪恶，抄没阿合马的家财，并任命和礼霍孙为右丞相。和礼霍孙向元世祖提出以儒家思想治国，颇得他的赞同。农历八月，元世祖问大臣："南方、北方宰相，谁最贤能？"大臣回答："北方当属耶律楚材，南方当属文天祥。"于是，元世祖打算授予文天祥高官。

文天祥的一些降元旧友立即来劝说文天祥投降，并且向文天祥通报了此事，但遭到文天祥的拒绝。后来，元世祖亲自召见文天祥，劝他归降。文天祥对元世祖仍然是长揖不跪，元世祖也没有强迫他下跪，并且对他说："你在这里的日子已经很久了，如你能归顺，用效忠宋朝的忠心对朕，朕可以在中书省给你一个官位。"文天祥回答："我是大宋的宰相。国家灭亡了，我不应该长时间活着，只求赶紧死。"元世祖又问："那你愿意怎么样？"文天祥回答："我只愿死！"元世祖十分气恼，下令立即处死文天祥。

第二天，文天祥被押解到刑场，监斩官问："你还有什么话要说？回奏还能免死。"文天祥大声说道："死就死，还有什么说的？"他问监斩官："哪边是南方？"有人给他指了方向，文天祥向南方跪拜，说："我的事完结了，心中无愧了！"于是从容就义。文天祥死时年仅四十七岁。他死后，有人在他的衣带中发现一首诗："孔曰成仁，孟曰取义，唯其义尽，所以仁至。读圣贤书，所学何事？而今而后，庶几无愧。"

于谦临危受命，保卫京师

于谦，字廷益，号节庵，祖籍河南，生于浙江钱塘。于谦的高祖于燮，任元朝河南江北行中书省参知政事，追封河南郡公；曾祖于九思，官至杭州路总管；祖父于文，任明朝兵部主事。于谦幼年时十分勤学，读书能过目不忘。于谦七岁的时候，一个和尚给他看面相，惊奇地说："他是将来救世的将军呀！"

于谦逐渐长大，他除了读好四书五经外，还学习其他典籍，特别爱看那些保家卫国的历史名人的传记。于谦很仰慕宋代民族英雄文天祥，在书房里挂着文天祥的画像，立志为国家兴亡赴汤蹈火。同时，于谦还写下了传世之作《石灰吟》《咏煤炭》等诗。他在《石灰吟》里写道："千锤万凿出深山，烈火焚烧若等闲。粉骨碎身浑不怕，要留清白在人间。"在《咏煤炭》里写道："凿开混沌得乌金，藏蓄阳和意最深。爝火燃回春浩浩，洪炉照破夜沉沉。鼎彝元赖生成力，铁石犹存死后心。但愿苍生俱饱暖，不辞辛苦出山林。"这两首诗用隐喻的手法来寄托雄心壮志，表达了他要为国家建立功业贡献出全部力量、不惜牺牲生命的精神。

于谦二十四岁时，考中进士，并留在京城为官。后来，也先大举进犯明朝，这一年于谦被任命为兵部左侍郎。宦官王振挟持明英宗亲征，兵部尚书邝埜和于谦极力劝谏，皇帝不听。邝埜跟随皇帝出征，于谦主持兵部事务。结果，明英宗在土木堡被俘，京师大为震惊，大臣都不知道该怎么办，大家担忧国家没有君主，太子年幼，敌寇将至，于是请皇太后立郕王为皇帝，郕王害怕而推辞。这个时候，于谦大声说："我们要为国家考虑，不是为个人打算。"于是，郕王受命即位，是为景帝。

于谦对景帝说："敌寇得意，扣留了皇上，必然轻视我们，长驱南下，请命令边境的守臣竭力防守遏制。京营士兵的器械快要用完了，需要马上招募民兵，急令工部制造器械盔甲。派遣都督孙镗、卫颖、张軏、张仪、雷通分兵据守九门重要的地方，军队驻扎在外城之外，都御史杨善、给事中王竑迁徙外城附近的居民进入城内。储存在通州的粮食，官军要尽快去支领，不把粮食留给敌人。文臣像轩倪这样的人，应该用为巡抚。武臣像石亨、杨洪、柳博这样的，应该用为将帅。至于用兵的事情，我一个人承担，没有成效就判我的罪。"景帝对他的建议，全都认真地接纳了。

景帝命令群臣讨论作战和防守，侍讲徐珵说星象有变化，应当迁都南京。于谦厉声反对："你主张南迁，就该杀了。京师是天下的根本，一旦摇动了，国家就完了，你难道不知道宋朝南渡的情况吗！"景帝肯定了他的说法，很快就制定了防守的决策。

当时，京师最有战斗力的部队、精锐的骑兵都已在土木堡失陷，剩下老弱病残士卒不到十万，人心震惊惶恐，朝廷上下都没有坚定的信心。于谦请景帝调南北两京、河南的备操军，山东和南京沿海的备倭军，江北和北京所属各府的运粮军开赴京师，听从部署，人心才稍为安定。很快，于谦被升为兵部尚书。

不久，也先挟持着英宗攻破紫荆关，威胁明朝京师。这个时候，石亨建议明朝收兵固守，这样可以使敌兵劳累衰竭，于谦则不同意，他说："我们不能向敌人示弱，使敌人更加轻视我们。"他很快调遣诸将带领二十二万兵士，在京城九门外摆开阵势：都指挥李端正阳门，都督刘得新崇文门，都指挥汤芦宣城门，都督陶瑾在安定门，广宁伯刘安东直门，武进伯朱瑛朝阳门，都督刘聚西直门，镇远侯顾兴祖阜成门，于谦和石亨率领副总兵范广、武兴在德胜门外列阵，抵挡也先，于谦见阵势摆好后，还下令：临阵将领退却的，斩将领；军士退却的，后队斩前队。于是，将士知道必定要死战，都服从命令。副总兵高礼、毛福寿在彰义门北面抵挡敌人，俘虏了一个也先军的头目。景帝十分高兴，令于谦选精兵聚集在教场，以便调动，又命太监兴安、李永昌同于谦一起管理军务。

当初，也先率军深入，以为很快就能攻下明朝的京城，但是现在见到明朝官军严阵以待，他有些丧气。叛变了的宦官喜宁给也先出主意，让他邀明朝大臣迎接英宗，索要无数黄金和丝织品；又邀于谦及王直、胡濙等出城谈判。景帝不准许，也先受挫，更加沮丧。于谦令石亨在空屋里设下埋伏，派几个骑兵引诱敌人。敌人上当，派出一万骑兵逼近，副总兵范广发射火药武器，伏兵一齐杀出，也先的弟弟被炮打死。

随后，也先部队转移到西直门，都督孙镗奋力抵御，石亨分出部分兵力援助，敌寇撤退。都督王敬和副总兵武兴在彰义门攻打敌军，一起挫败了也先的前锋，敌军正要退却，几百个宦官想争功，骑着马争着向前。阵脚乱了，武兴被乱发的箭射死。寇兵赶到土城，居民爬上屋顶投掷砖石，喊叫声震天。王竑和福寿的援兵赶到，于是敌军撤退。

双方相持了五天。也先的邀请没人理，作战又失利，他知道无法达到目的，又听说各地勤王的部队马上要到了，他怕截断了自己的归路，于是拥着明英宗由良乡向西去。于谦调各将领追击，一直追杀到居庸关才回来。

京师保卫战后，朝廷评功，加封于谦少保、总督军务。于谦说："四郊多堡垒，是卿大夫的耻辱，怎么敢求取赏赐功劳呢！"坚决推辞，皇帝不准。后来，于谦请求增兵守真定、保定、涿州、易州等府州，请求用大臣镇守山西，防止也先部南侵。

景泰元年三月，总兵朱谦急报称敌兵三万围攻万全，朝廷火速下令，命范广担任总兵官抵御。不久，敌军退去，于谦请求赶紧派兵驻居庸关，敌人来了则出关剿杀，敌人退了则回京师驻守。大同参将许贵奏北面有三个人来此，想朝廷派使者讲和。于谦说："以前，派指挥季锋、岳谦前往讲和，而也先跟着就入侵。随后，又派通政王复、少卿赵荣讲和，见不到上皇就回来了。显然，我们不能依靠和谈，况且我们和他们还有深仇，从道理上来说也绝不可以讲和。万一，他们在和谈时提出无穷无尽的要求，如果答应了，会给我们造成很大的困难；如果不答应，则又会发生变乱，因此不能讲和。许贵是武臣，这样恐惧畏缩，按律该处死。"随后，于谦发出文书严厉谴责了他。从此，边境的将领都主张坚守作战，没有人敢说讲和了。

到了农历八月，明英宗已经被俘虏去一年了。也先想讲和，接连派使者前来，提出把明英宗送回来。大臣王直等商议派使者前往迎接，景帝不高兴，他说："朕本来不想登大位，当时是被推上来的。"于谦从容地说："帝位已经定了，不会再有更改，从情理上应该赶快把他接回来。他万一真有什么阴谋，我就有话说了。"皇帝看了看他，便改变了主意，说："听你的，按你说的办。"朝廷先后派遣了李实、杨善前往，把明英宗接了回来，这是于谦的功劳。

明英宗回来后，瓦剌请求朝贡。先前的贡使不过百人，后来则增加到三千余人，而且对给予的赏赐总不满足，然后就兴兵入侵。现在，瓦剌又派三千贡使，于谦请求驻兵居庸关以备不测，并且在京师陈兵，然后设宴招待他们。于谦还上了三个安定边境的策略：请求敕令大同、宣府、永平、山海、辽东各路总兵官增修墙，加强防御；京兵分别隶属于五军营、神机营、三千营，虽然都有总兵，但是相互不统一，他请求选择精锐十五万人，分为十营团操；瓦剌入贡，常常携带以前掳去的人口，他奏请赎回了这些人。

永乐年间，很多投降明朝的人被安置在京畿附近。后来，也先入侵，他们中很多人成了内应。于谦于是想分散遣送他们，后来西南有战事，每次出征都挑选他们中精锐的骑手，给予丰厚的奖励，然后再把他们的妻子遣送过去，这样内患得以平定。

杨洪以独身入卫，丢了八个城。于谦派都督孙安率轻骑兵出龙门关，招募百姓屯田，边战边守，很快就收复了八个城。贵州的战事时起，何文渊建议撤去布使、按察两司，专设都指挥使司，用大将镇守。于谦认为这样做的话，就等于放弃了这地方，建议遂后作罢。

于谦认为明英宗虽然回来了，但是国耻未雪。也先和脱脱不花结怨，于谦请求趁机派大军，自己前往征讨他，以报复从前的仇恨，清除边患，但是皇帝却不准许。

于谦主持兵部事务时，主要精力用在对付也先入侵上，福建邓茂七、浙江叶宗留、广东黄萧养各自拥有部队和自封封号，湖广、贵州、广西多地都出现兵乱，于谦前后多次派军队征伐。战事急迫的时候，于谦眼睛看着手指数着，随口讲述奏章，全都是正确的方法，同事和下属为此感到惊骇和佩服。

于谦执法严明，有些勋臣老将稍有不守法度，他立即请圣旨进行查办。即使是他写的字条要送到远方，也都谨慎小心地执行。于谦性情淳朴忠厚过人，忘身忧国，才思畅通敏捷，考虑问题周到仔细，朝中没有人能比得上他。

明英宗回来之后，于谦却一点也不说自己的功劳。景帝曾命令凡是兼东宫太子宫属者可以领取两份俸禄。只有于谦一再推辞。于谦的生活简单俭朴，景帝赐给他西华门的府第，他认为居住的房子能够遮挡风雨就可以了，他对景帝说："国家多难，臣子怎么敢自己安居。"于是坚决推辞，景帝不准。于是，他把景帝之前所赏赐的玺书、袍服、银锭之类，全部封好写上说明放到那里，每年去看一看罢了。

　　景帝很信任于谦，他奏请的事都会听从。景帝曾经派人到真定、河间采择野菜，到直沽做鱼干，于谦建议不要这样做，景帝马上就照办了。景帝要任用一个人，一定悄悄询问于谦，他总是实事求是地回答，没有隐瞒，也不避嫌疑怨恨。也因此导致那些不称职的官员都怨恨他，那些不被景帝信任的官员都嫉妒他。敌军刚刚撤退后，都御史罗通上奏章弹劾于谦，说他登记的功劳簿不实；御史顾曜弹劾于谦太专权，干预六部的大事，好像他就是内阁。于谦上奏章反驳了他们，户部尚书金濂亦上疏为他争辩，但还是有很多官员不断收集材料弹劾他。很大御史用苛刻的文辞上奏弹劾他，景泰帝力排众议，依然任用他。

　　于谦的性格刚强，遇到有不痛快的事，总是拍着胸脯说："这一腔热血，不知洒在那里！"他看不起那些无能的皇亲国戚、大臣、勋臣，这些人也很憎恨他。徐珵因为提出迁都南京，受到于谦斥责，他把名字改为有贞后才得到升迁，他经常咬牙切齿地恨于谦。于谦始终不赞成讲和，明英宗回来了，但是他也不满意于谦。都督张轨因为征苗时不守律令，被于谦弹劾，和内侍曹吉祥等都一向恨于谦。

　　石亨因为违犯了军法被削职，于谦请求景帝宽恕他，让他总理十营兵。但是，石亨因为害怕于谦不敢放肆，也不喜欢于谦。京师保卫战胜利了，石亨的功劳没有于谦大，却得到了世袭侯爵，他感到内心有愧，于是上书向朝廷推荐于谦的儿子于冕。景帝下诏让于冕到京师为官，于谦推辞了，景帝不准。于谦说："国家多事的时候，在道义上讲，臣子不应该顾及个人的恩德。石亨身为大将，没有给朝廷举荐一位隐士，没有提拔一个兵卒，而推荐我的儿子，这能得到公众的认可吗？我绝对不敢用儿子来滥领功劳。"石亨得知后，更是又愧又恨。

后来，石亨和曹吉祥、徐有贞迎明英宗恢复了帝位，宣谕朝臣以后，立即把于谦和大学士王文逮捕入狱。诬陷于谦制造不轨言论，要另立太子，又和太监王诚、舒良、张永、王勤等策划册立襄王的儿子。石亨等人拿定这个说法，就唆使科道御史弹劾。都御史萧维祯审判他们，定为谋反罪，判处死刑。王文不忍受这种诬陷，想争辩，于谦笑着对他说："这都是石亨他们的意思，你分辩有什么用？"

明英宗对于处死于谦还有些犹豫，他对大臣说："于谦是有功劳的。"徐有贞进言说："不杀于谦，复辟这件事就成了出师无名。"于是，皇帝才拿定了主意，将于谦在闹市处死，并弃尸街头，抄了他的家，家人都被充军边疆。还有大臣说于谦的罪应该灭九族，于谦推荐的文武大臣都应该处死。但是，刑部坚持原判，这才避免殃及无辜。

于谦行刑那天，阴云密布，很多人都知道他是被冤枉的。曹吉祥手下有一个叫朵儿的指挥，他把酒泼在于谦死的地方，大哭。曹吉祥因此发怒，鞭打他。第二天，他还是照样泼洒在地，祭奠于谦。都督同知陈逢被于谦的忠义感动，收敛了他的尸体。一年后，将于谦的尸体送回杭州安葬。

于谦死后，石亨的党羽陈汝言任兵部尚书。不到一年，贪赃累计巨万，很快事情就败露了。皇帝召来大臣，黑着脸说："于谦在景泰帝朝受重用，死时没有多余的钱财，为什么陈汝言会有这么多？"石亨低头不敢回答。不久，边境有敌情，皇帝满面愁容，在旁边侍候的宦官进谏说："如果于谦在，一定不会让敌人这样。"皇帝无言以对。这一年，徐有贞被石亨中伤，被充军发配。又过了几年，石亨被捕入狱，死于狱中；曹吉祥谋反，被灭族，于谦之事得以真相大白。

戚继光忠勇抗倭

公元1548年，戚继光被推为中军指挥官，率军远守蓟门。戚继光训练的军队井然有序，获得了部众的信服。戚继光在作战之余，还不断进行调查研究。他经过实地调查，发现蓟门和都城唇齿相依，但缺少兵马，一旦有了战事，很难对付。他主张应趁边境暂时安宁，提前做好应敌准备。于是，戚继光奋笔疾书，写成了《备俺答策》，并立即上奏朝廷，但是他的献策却没有被采纳。

公元1549年，戚继光考中武举。第二年，他赴北京参加会试。戚继光进入北京不久，俺答率军兵临北京城郊，京师告急。大明朝廷火速调集兵马进行支援，并命令会试武举也参加守城，戚继光被任命为总旗牌，督防九门。戚继光在这个时候向朝廷献出十几条御敌良策，均被兵部采纳。兵部还将这些良策刊出，供将士使用，用以克敌制胜。俺答退走后，戚继光被誉为"国士"，许多大臣推荐戚继光，希望他为国家建功立业。

因为大臣的推荐，朝廷调戚继光任浙江都司金书，主管军队屯田。当时，浙江沿海的倭患十分严重，戚继光到任后，马上把全部精力投入到了修缮浙江海防、抗击倭寇的事务中。几年后，戚继光被任命为宁波、绍兴、台州三府地方的参将。戚继光走马上任后，多次打败了倭寇，打击了倭寇的威风。

当时，明朝军队军纪松弛，战斗力较低。戚继光深谋远虑，他认为必须训练出一支纪律严明、作战勇敢的军队，这样才能消灭倭寇。戚继光决定从抓兵源开始，他首先来到义乌招募新兵，主要招募农民和矿工，很快就组建了一支三千多人的新军。这支新军是戚家军的基础，其中一些人后来成了新军有名的将领。

公元1560年，戚继光到台州、金华、严州等地任职。戚继光到任两个月后，就上书朝廷分析了台州一带的军政弊病，并提出了六项整顿措施："一、正名分。使指挥、千户、百户、旗军丁舍等各司其职，做到号令通行，井然有序；二、严肃军纪；三、厚恤阵亡兵士；四、清查卫所户口，使卫所能有效支持部队作战；五、惩治贪官，解决士卒贫困；六、重治刁军、刁官，使卫所诸官敢于任事。"戚继光按照这些措施进行整顿之后，台州形成了比较牢固的防倭体系。

公元1561年，宁波、绍兴以外海面聚集了几千名倭寇，他们伺机入犯。倭寇知台州有备，于是就在奉化的西风登陆，当晚进至宁海大肆劫掠，企图吸引明军主力，然后他们乘虚入犯台州。戚继光识破倭寇诡计，进行了相应的军事部署。倭寇分两路进犯台州：一路倭船前后八艘五六百人由新河所周洋港登陆，谋犯新河；一路倭寇五百余人由桃渚东北里浦登陆，欲犯桃渚；还有倭寇两千余人在健跳所坼头停泊。戚继光认为入侵新河的倭寇逼近城池，要先将他们围歼，自己仍率军进攻宁海的倭寇主力。

倭寇抢掠新河城外，城内守备力量薄弱，军民人心惶惶。戚继光的夫人发动妇女也穿上兵装，然后站在城上，虚增旌旗，大声齐喊。倭寇以为这里早有准备，于是不敢逼近。次日，戚继光派部将驰援新河，监军唐尧臣率兵由海路支援，援军与倭寇激战于新河城下，大败倭寇。

宁海的倭寇得知消息后，急忙撤走；这时在桃渚的倭寇乘机向南窜犯。戚继光认为这些倭寇企图攻掠台州府城，他立即挥军驰赴台城。戚家军疾驰到达台州城下，倭寇亦进至距城两里的花街。戚家军将士来不及进餐，急行军七十里，随即投入战斗。戚家军前锋以火器迎头痛击倭寇，其他部队遂乘势冲锋。明军军心奋勇，猛打直追，五战五捷。

一个月后，泊于健跳所圻头的二千多倭寇登岸，侵入台州东北的大田镇，妄图劫掠内城。戚继光率兵迎击，倭寇不敢进犯台州，便从小道逃走，欲图劫掠处州。戚继光在上峰岭设伏，以少胜多，歼灭倭寇三百四十四人，俘虏五人，缴兵器近两千件，解救被掳群众一千余人。戚家军凯旋，台州城百姓夹道相迎。

当月中旬，自宁海逃跑的倭寇聚众三千多人，在温岭东南登陆。戚继光对倭寇发动突袭，倭寇大部被歼，只有三百余人乘船逃走，后来被戚继光的水军消灭。在此战中，戚家军缴获兵器三千多件、船只十多艘，解救了一千二百名百姓。此次战斗历时一个多月，戚家军共擒斩倭寇一千四百多人，烧死、溺死的有四千多人，浙江倭患暂时平息。戚家军因此扬名天下，倭寇闻之丧胆。

倭寇被戚家军狠力打击后，从浙江沿海退却，逐渐转移到南面的福建沿海地区。北自福宁，南到漳泉，沿海数千里都有倭寇活动。福建巡抚游震奏请朝廷火速派兵清剿，戚继光奉命率部六千余人，即刻南下宁德清剿倭寇。

戚继光率军到达宁德，决定先攻打横屿，再打福清。横屿是宁德城东北二十里的一个海岛，离岸约十里，和大陆中间隔着一片浅滩。当时，约有一千倭寇住在横屿，加上散布在其他地方的倭寇，总数达一万多人。横屿的倭寇非常猖狂，是因为他们占据了险峻的地势，还有沿海各据点的援应。鉴于此，戚继光决定先降其胁从，再捣他们的老巢。戚继光随即下公告，免除胁从者的罪责，多数胁从分子立即就投降了，这样就孤立了横屿的敌人。

戚继光剪除了敌人的羽翼，便将兵锋直指倭寇的老巢，戚继光决定在退潮时渡海，对敌人进行强攻。出发前，他激励众人："这次出兵横屿，主要是靠我们的意志和胆量，谁如果没有胆量就不必去了，我不忍让你白白去送死。"将士们听了之后，群情激奋，异口同声地说："杀倭寇，杀倭寇，我们不怯阵。"戚继光见士气大振，就大声说道："既然是这样，诸位勇士，那我们就出发吧！"

第二天凌晨退潮了，戚继光即命士兵每人背草一捆，列鸳鸯阵匍匐前进。戚继光亲自在岸边擂鼓，鼓舞士气。队伍逼近小岛，鼓声不止，战士们奋勇登岸。岛上的倭寇也布好阵势，等待着与戚家军拼杀。戚家军背水一战，倭寇也拼命抵抗。形势危急时，戚家军虎将王如龙率部前去援救，倭寇面对两边夹击支撑不住，大败而逃。此战中，共灭倭寇两千六百名。从此，被倭寇占据多年的横屿岛，又回到了明廷的手中。

戚继光收复横屿岛后，立即率军南下寻找倭寇交战。他先攻下了倭寇的据点——杞店，然后率军回锦屏山驻扎。这时，有七百多名倭寇向锦屏山进发，企图偷袭戚家军。戚继光得知消息后，在山口埋伏下精兵强将，准备痛击敌人。倭寇没有觉察到戚家军的圈套，很快就进入了埋伏圈，明军伏兵便一起开火，倭寇惨叫着中弹倒下，后面的倭寇见状慌不择路，竞相逃命。戚继光一声令下，正在待命的大军便如潮水般杀向倭寇。倭寇见大军压来，逃生心切，抛出碎金银，欲诱明军哄抢，乘机脱身。戚家军军纪严明，并不为满地的金银所动，他们奋勇冲杀，追击倭寇。经过浴血奋战，被围困的倭寇死伤大半，只有一小部分冲出重围。戚家军乘胜追击，连破牛田、上薛等数座倭巢。这一仗杀敌数百，降敌数千，但是还有四千名倭寇退守林墩，准备负隅顽抗。于是，戚家军准备对这些残敌进行最后的围剿。

戚继光为防止倭寇闻讯而逃，命令总兵张谏、叶大正等率兵赶到宁海，设下埋伏，堵截倭寇。同时，他还嘱咐他们，如果敌人尚未逃跑，你们听到鼓声，就配合大军对敌人进行合击。戚继光为了不引起敌人的注意，把大军开进莆田县城，大摆宴席宴请宾客，暗中却在积极备战。当天半夜，戚家军快速出击，开往林墩。不料，倭寇察觉了戚家军的进攻意图，他们焚毁了小桥。这里地势险要，戚家军发动的几次攻击均被打退。就在这时，埋伏在宁海的张谏、叶大正等部赶来，倭寇受挫，退回老巢，戚家军乘势杀到对岸。

倭寇的老巢离水很近，街道非常狭窄，戚家军就与倭寇巷战，厮杀得很激烈。戚家军愈战愈勇，倭寇节节败退，一直退到窑兜，逃进一家窑灶厂死守。戚家军用草木夹杂火药火烧敌人，倭寇大乱。戚家军乘势攻入，一举歼灭了残寇。此战，戚家军斩杀倭寇九百六十人，烧死倭寇数千，擒捉倭寇二十六人，救出两千多百姓。

牛田和林墩两次大战，倭寇几乎全军覆没，戚家军也伤亡很大。戚继光不仅抚恤阵亡者的家属，而且还哭祭阵亡士兵。戚继光收兵进入兴化城，当地的老百姓都出城迎接，戚继光对他们说："牛田、林墩两战，士卒伤亡无数，我怎么能接受你们的祝贺呀！"

经过戚家军接连不断的打击，倭寇力量被严重削弱，再也不敢大规模登陆骚扰了，沿海恢复了往昔的平静。之后，戚继光率又部复又回到福建，对这里的倭寇发动了几场战役，都取得了胜利，最终彻底将倭寇驱出了福建。次年，戚继光带兵来到广东，消灭了勾结倭寇的吴平等近万人。

至此，在戚家军的打击下，东南沿海的倭患被彻底根除。公元1587年，民族英雄戚继光逝世。凡是对人民有功的人，人民会永远记住他。至今，浙江、福建一带的人还喜欢吃一种"光饼"，据说就是当年戚家军打仗常吃的干粮，这些地方还流传着戚继光抗倭的佳话。

第四章　忠义篇

袁崇焕忠心为国，惨遭凌迟

　　明朝末期，宦官魏忠贤把持朝政，把朝政闹得乌烟瘴气。而这个时候，努尔哈赤不断壮大自己的力量，并且不断在辽东进攻明军。明朝派了一位老将熊廷弼出关，负责辽东军事。熊廷弼是个很有才能的老将，可是广宁（今辽宁北镇）巡抚王化贞认为熊廷弼到这里，会影响自己的地位，因此千方百计阻挠熊廷弼的指挥。

　　公元1622年，努尔哈赤带军进攻广宁，王化贞带头逃进关内，熊廷弼无法抵御，只好保护一些百姓退到山海关内。广宁失守后，明王朝把熊廷弼和王化贞打入大牢。魏忠贤趁机敲诈勒索熊廷弼，表示要他拿出四万两银子，就可以免他死罪。熊廷弼是个清官，也是个正直的人，他没有这么多钱，于是拒绝了。魏忠贤就诬陷熊廷弼贪污军饷，把他处死。

　　熊廷弼被杀了，明王朝派谁去抵抗后金军呢？兵部衙门正为此事着急，主事（官名）袁崇焕却忽然不见了，家里的人也不知道他的去向。几天后，袁崇焕自己回来了，原来他见国事危急，就独自一个人骑着马到山海关外去视察了。袁崇焕详细观察和研究了关内关外的形势，回来向兵部尚书孙承宗报告："大人只要给我人马军饷，我能守住辽东。"

　　兵部正不知道派谁，朝廷的大臣也被后金的攻势吓破了胆，大家得知袁崇焕自告奋勇去辽东，都赞成让他去试一试。明熹宗也同意了，批给他二十万饷银，要他负责督率关外的明军。

关外经历了几年的战争，一片荒凉，遍地都是士兵的尸骨，加上冰天雪地，环境十分艰苦。袁崇焕带着几个随从兵士连夜出关，在荒野上骑马奔驰，天没亮就到了宁远（今辽宁兴城）的前屯。他在那里收容难民，修筑工事，将士都十分钦佩袁崇焕的勇气和毅力。

袁崇焕经过一番实地考察，决心派兵进驻宁远，在这里修筑防守工事。他上奏朝廷后，立刻得到兵部尚书孙承宗的支持。袁崇焕在宁远筑起高三丈二尺、宽二丈的城墙，装备了各种火器、火炮。孙承宗还派了几支人马分驻在宁远附近的锦州、松山等地方，声援宁远。

袁崇焕军令严明，因此受到军民的爱戴。关外各地的商人听说宁远防守巩固，就从四面八方涌进宁远。辽东的危急局面很快就被扭转了。正当袁崇焕守卫辽东有了进展的时候，孙承宗却遭到魏忠贤的猜忌。魏忠贤唆使人申奏孙承宗，说了他不少坏话，孙承宗被迫离职。魏忠贤排挤走孙承宗，派他的同党高第指挥辽东军事。高第是个庸碌无能的人，刚到山海关就召集将领议事，他说后金军太厉害，关外无法防守，要各路明军全部撤进山海关。

袁崇焕坚决反对撤兵，他说："我们好容易在关外站稳脚跟，不能轻易就放弃了！"高第逼迫袁崇焕放弃宁远，袁崇焕十分气愤，他说："我的职守是防守宁远，要死也要死在那里，我决不后撤。"高第见拗不过袁崇焕，只好同意袁崇焕带领一部分明军留在宁远，下令关外的其他明军限期撤退到关内。各地守军突然接到这道命令，毫无准备，匆匆忙忙地退兵，丢弃了储存在关外的十几万石军粮。

努尔哈赤见明军狼狈撤退，认为明军很容易对付。公元1626年，努尔哈赤亲自率领十三万大军，渡过辽河，进攻宁远。这个时候，宁远城只剩下一万多兵士，守在宁远周围几个据点的明军都已经撤走，处境十分艰难。但袁崇焕并不气馁，他咬破手指写了一份誓死抗金的血书，给将士们看，并且说了一番激励大家的话。将士们看了血书，听了他的讲话，都感动得热血沸腾，纷纷表示要跟着袁将军一起死守宁远。

袁崇焕立即命令城外的百姓带着粮食、钱财撤进城里，派兵把城外的民房烧掉，使后金军来了没有粮食和掩体。袁崇焕还向城里的官员分派任务，有的负责管军粮供应，有的负责清查内奸。他还发信给山海关的明军守将，如果他们发现宁远逃回关内的官兵，就地处斩。这几道命令一出，宁远的人心都安定下来，大家都一心一意守城杀敌，没有别的想法。

二十多天后，努尔哈赤带领气势汹汹的后金军到了宁远城下。后金兵士头顶盾牌，冒着明军的箭石、炮火，猛烈攻城。明军英勇抵抗，后金兵倒下一批，又上来一批。在这紧急的关头，袁崇焕下令用早就准备好的大炮向后金军射击，炮声响处，只见一团火焰，后金兵士被轰得血肉横飞，其他士兵也被迫后撤。

第二天，努尔哈赤亲自督战，集中兵力攻城。袁崇焕登上城楼瞭望台，不断观察后金军的行动，直到后金军逼近城墙，才命令炮手瞄准敌人密集的地方发炮。大炮使后金军受到了很大的伤亡，在后面督战的努尔哈赤也受了重伤，不得不下令撤退。

袁崇焕见敌人退兵，就出城乘胜追击，一直追赶了三十里，才得胜回城。努尔哈赤受了重伤，回到沈阳，对他的部下说："我从二十五岁以来，战无不胜，攻无不克，没想到却没有攻下小小的宁远城。"他又气又伤心，加上伤势越来越重，几天后就死了，他的第八个儿子皇太极继位。

努尔哈赤死后，袁崇焕为了探听后金的消息，特地派使者到沈阳去吊丧。皇太极很怨恨袁崇焕，正窝了一肚子的火，但是后金刚打败仗，还需要休整，而且他也想试探一下明朝的态度。所以，皇太极不但接待了袁崇焕的使者，而且还派使者到宁远去答谢。双方表面上缓和下来了，背地里都在加紧备战。

第二年，皇太极亲自率领大军，分兵三路南下，攻打明军。后金军先把锦州城包围了，袁崇焕知道皇太极的目标是宁远，决定自己留在宁远，派部将带领四千骑兵援救锦州。果然，明朝的援兵还没出发，皇太极就分兵攻打宁远。袁崇焕亲自到城头上督率将士守城，用大炮猛轰后金军，城外的明军援军在背后攻打后金军，明军内外夹击，把后金军赶跑了。皇太极又把多路人马撤到锦州，锦州的明军守城很严实，后金军士气低落。加上天气转暖，皇太极只好退兵。

袁崇焕又打了一个大胜仗，魏忠贤却把功劳记在自己名下，而且还责怪袁崇焕没有亲自去救锦州，他这是失职。袁崇焕知道魏忠贤故意为难他，于是只好辞官。

公元1627年，昏庸的明熹宗死去，他的弟弟朱由检即位，即明思宗，也就是崇祯帝。崇祯帝早就知道魏忠贤作恶多端，民怨恨大。他即位后，就宣布了魏忠贤的罪状，把他充军到凤阳。魏忠贤知道自己很难活命，于是在半路上自杀了。崇祯帝惩办阉党，又给杨涟、左光斗等人平反了冤狱，许多大臣请求皇上把袁崇焕召回朝廷，崇祯帝接受了大臣的意见，召袁崇焕回京，还提拔他为兵部尚书，负责整个河北、辽东的军事。崇祯帝还亲自召见袁崇焕，问他有什么御敌计划。袁崇焕对皇上说："只要让我指挥，朝廷各部一致配合，不出五年，可以恢复辽东。"崇祯帝听了十分兴奋，赏给袁崇焕一口尚方宝剑，准许他全权行事。

袁崇焕再次回到宁远，他大力选拔将才，整顿队伍的军纪，明军士气振奋。东江总兵毛文龙作战不力，虚报军功，不服从袁崇焕的指挥，袁崇焕使用尚方剑杀了毛文龙。

皇太极打了败仗，当然不肯罢休，他知道宁远、锦州防守严密，再次发兵时，他改变了进兵路线。皇太极率领几十万后金军，做好一切准备，从龙井关、大安口（今河北遵化北）绕到河北，直扑明朝京城。这一招出乎袁崇焕的意料。袁崇焕急忙出兵，想在半路上拦住后金军，可是已经来不及了。后金军乘虚而入，很快就到了北京郊外。

后金军突然进攻北京，引起了全城震动。崇祯帝更是急得心慌意乱，不知该怎么办才好。袁崇焕得到情报后，心急火燎带着明军赶了两天两夜，赶到了北京，没顾上休息就和后金军展开了激烈的战斗。后来，崇祯帝听说袁崇焕带兵赶到，心才定了一些。他亲自召见袁崇焕，慰劳了一番。别路明军也陆续赶到，投入战斗。

这个时候，一些魏忠贤的余党却散布谣言，说这次后金兵绕道进京，完全是袁崇焕引进来的，这里面可能还有别的阴谋。崇祯帝是个疑心极重的人，听了这些谣言，就有些怀疑了。一个被金兵俘虏去的太监从金营逃回了北京城，他向崇祯帝密告，说袁崇焕和皇太极已经订下密约。这个消息简直像晴天霹雳，崇祯帝惊呆了，他更加怀疑袁崇焕了。

原来，明朝有两个太监被后金军俘虏了，被关在金营里。一天晚上，一个姓杨的太监半夜醒来，听见附近两个金军将领在外面轻声谈话。一个将领说："今天咱们临阵退兵，完全是皇上（指皇太极）的意思，你知道吗？"另一个将领说："你是怎么知道的？"这个将领又说："皇上一个人骑着马与袁将军密谈了好半天话才回去，他们定下密约，眼看大事就要成功了……"姓杨的太监偷听了这番对话，这个时候金兵也放松了看守，他就偷偷地逃了出来。他逃回京城后，赶快向崇祯帝报告。崇祯帝听了也信以为真，他哪里知道，这个是皇太极的谋士设下的反间计。

崇祯帝命令袁崇焕马上进宫，袁崇焕接到命令，也不知道发生了什么事，匆忙进了宫。崇祯帝责问他："袁崇焕，你为什么要擅自杀死毛文龙？为什么金兵到了北京，你的援兵还迟迟不到？"袁崇焕不禁一惊，不知道该从哪儿说起，崇祯帝已喝令锦衣卫把袁崇焕捆绑起来，打入大牢。

很多大臣知道袁崇焕平日忠心为国，这件事情蹊跷，劝崇祯帝慎重，崇祯帝却不为所动，拒绝大臣的劝告。一些魏忠贤余党又趁机诬陷，到了第二年，崇祯帝终于下令把袁崇焕杀害。

皇太极用反间计除掉了袁崇焕，退兵回到沈阳。1634年，皇太极改称沈阳为盛京。1635年，皇太极把女真改称满洲。1636年，皇太极在盛京称帝，改国号为清，皇太极就是清太宗。

邓世昌以死殉国壮军威

  邓世昌是广东人，他自幼聪明好学，先是随父亲在广州读书。他的家乡广东是第二次鸦片战争的主战场，西方列强野蛮入侵的种种恶行，家乡人民奋起反抗的爱国情怀，在邓世昌幼小的心灵中留下了深刻的印迹。后来，邓世昌跟随父亲移居上海，因而有机会学习算术、英语、天文、地理等课程，接受系统的知识教育。

  邓世昌在上海读书时，曾目睹西方列强的兵舰在黄浦江肆意横行，外国商船出出进进，他感叹道："中外通商日盛，外舰也日益增多，中国的弱点都被外人深知。我们不按照西方的方式建立海军，如果强邻挑衅，就无法对付了。"从小就忧国忧民的邓世昌暗自下定决心，要为保卫祖国的海疆建功立业。

  邓世昌十八岁时，实现梦想的机会来了。当时，左宗棠、沈葆桢在福建创办的清朝第一所海军学校——福州船政局学堂，在广州招收学生。邓世昌怀着学好本领、拯救祖国的理想远离家乡，考进了这所海军学堂，开始了实现自己理想和抱负的学习生活。

  福州船政局学堂的创始人左宗棠是清朝著名的爱国者、洋务运动的发起人之一。左宗棠与魏源、林则徐等人一样，对于西方列强依仗坚船利炮进行侵略很不满。他们看在眼里急在心上，提出了"师夷长技以制夷"的思想，并且创办自己的造船工业，培养自己的造船、驾船人才，创建自己的海军，抵抗列强的入侵。左宗棠认为，办船厂"不重在造，而重在学"。只有学到西方的造船知识、制造枪炮的知识以及驾驶、管理船舶的经验，才能发展自己的海军。只要有了自己的技术人员，造船就不会有困难了，否则，就要聘用外国工匠，技术还掌握在外国人的手里，最终还是会受制于人。

福州船政学堂在这种思想的指导下建立，开设了前后两学堂，前学堂学习法语、造船技术；后学堂学习英语、驾驶技术。学堂还聘请法国人日意格、德克碑为正副监督，招收学习过英文的学子进入学堂学习造船与驾驶技术。学员在这里先要学外语，因为图书、机器都是从外国引进的，不会外语就无法操作。学员还要学数学和造船技术，并且到船上进行实际操作。

福州船政学堂特别重视学员独立掌握造船、航海的技术，并且要求他们能熟练驾驶铁甲兵船、海上调兵布阵。福州船政学堂还注意对学员灌输民族自强的精神，目的是使他们深知自强才是根本。因此，在这里学习的学员都发奋努力，期望将来报国强民。福州船政学堂是中国最早培养海军和造船技术人员的学校，后来清朝不少重要的海军将领，如萨镇冰、刘步蟾等都出自这里。

邓世昌是福州船政学堂首批从广东招来的十名学生之一，他入学时比别的同学大三四岁，但是他比别人学习都刻苦用功，能用英文书写和会话，他除了学习航海驾驶专业课，还认真学习天文、地理、数学、绘图、测量、轰击等课程，各门功课考核皆名列前茅。邓世昌在船政学堂度过了四年，这四年里他主要学习西方的测绘、驾船、射击等自然科学和技术操作，也接受了一些西方近代民主主义思想，追求民族独立、国家昌盛的抱负得到了进一步加强。

邓世昌从福州船政学堂毕业后，被分配到清军福建水师船队，任刚刚下水的木质运输船"琛航"号的大副。1874年，邓世昌二十五岁，他开始担任"琛航"号的管带（船长）。同年，日本入侵我国的台湾、澎湖等地。清政府派福州船政局督办沈葆桢为钦差大臣，率福建水师守卫台湾。邓世昌随沈葆桢出征，先后任"海东云""振威"等舰的管带，带领水师官兵巡逻在澎湖、基隆等海面，开始了他守卫祖国海疆的征程。

当时，清军的水师和清政府一样腐败涣散，许多水师官兵生活腐化，缺少训练，军纪、军规荒废。邓世昌在水师中却不同于其他人，他对自己和士兵都要求严格，工作忠于职守，与士兵同甘共苦。当时，像他这样的军官是可以居住在陆地上的，水兵则要居住在舰上，但是他却以身作则，与水兵一起居住在舰上，共同生活、共同操作，和他们打成一片。他特别注重官兵的爱国教育，经常在官兵中大力激扬正义，选拔重用那些有民族正义感的士兵，遇到一些忠烈的事，就大加表扬。邓世昌工作起来常常忘记了休息，在他的带领下，他所在的战船，士兵们的军事训练增多，军事生活紧张有序，人人都抱有保卫祖国海疆的决心和斗志。

在与法国人的战争中，法国侵略者凭借海军的优势力量，偷袭停泊在港内的福建水师，仅用约半小时，就将福建水师的九艘军舰和十三艘其他船只，全部击沉击毁，清军阵亡近八百人，福建水师全军覆没。在接下来的交战中，虽然清军陆上力量屡败法国侵略者，但是清军的水师力量与法国侵略者的海军难以抗衡，最终李鸿章等投降求和派卖国求荣，促使清政府与法国侵略者在天津签订了屈辱的《中法新约》。邓世昌是福建水师全军覆没的目击者，他的感受是极其痛心和悲愤的。

清政府鉴于这场战争中水师失败的教训，着手大力训练新式海军，邓世昌受命督察船务。邓世昌为了能使清政府建立起强大的海军，可以抵抗外敌的入侵和欺辱，废寝忘食地工作。邓世昌曾经对周围的人说："我们都读过书，古人讲求以身许国，我们也应如此。只要对国家有利，个人的损失都是小事，甚至于献出生命有什么可惜？何况我们是水师官兵，常常出入于狂风巨浪之中，不怕艰险是理所当然的，难道不应趁年富力强的时候来报答国家吗？"邓世昌是这么说的，也是这么做的，他还曾写下这样的诗句："南楼高耸入云霞，四面江山壮观吟。傍晚一城空寥阔，炊烟浓处几人家？"表达了热爱祖国河山、感慨残破家园的情感。邓世昌从军后，他曾发誓说："人谁不死，但愿死得其所。"

1894年，日本在美英等西方侵略者的纵容和支持下，悍然发动了侵略中国和朝鲜的战争。很快，日本占领了朝鲜的平壤，并派军舰到我国沿海进行挑衅，以"致远"舰管带邓世昌为首的爱国将士没有一个不气愤的，纷纷要求抗击日本侵略者。但是，腐败的清政府却极力反对，梦想西方的侵略列强出面进行调停，并且斥责邓世昌等人的爱国主张"有损中外邦交""不利各国调停"。邓世昌愤慨地对手下说："虽然我不懂得外交，但是我懂得做人要有民族气节。"

后来，北洋水师的战舰"济远"号、"广乙"号，护送商船"高升"号和运输船"操江"号运送一千多名清军陆官兵和各种器材、弹药、军饷等往朝鲜的牙山，支援在朝鲜的清军反击日军。当船队行至牙山口外丰岛附近时，遭到日本军舰的袭击。日本军舰不宣而战，突然向"济远"和"广乙"开炮。"广乙"号战舰比较小，战斗力也弱，受到严重创伤；"济远"号是铁甲快舰，战斗力比较强，舰上的官兵勇敢作战，同数量占据优势的日舰展开了激烈地拼杀。

不久，"济远"号都司沈寿昌、守备杨建章、黄承勋和一部分水兵中弹牺牲，这个时候"济远"号管带方柏谦贪生怕死，竟然下令丢下运输船不管，驾驶船舰逃跑。这样就致使"高升"和"操江"两船失去了保护，装满物资和军饷的"操江"号被日舰俘去。日舰"浪速"号强迫

"高升"号投降，船上的全体清军严词拒绝，他们宁愿死也不当俘虏，决不投降。

日舰"浪速"号不断开炮，对一艘没有战斗能力的运兵商船发射鱼雷，"高升"号的士兵以步枪英勇还击，直至船沉，船上百名官兵壮烈牺牲。消息传来，北洋水师的官兵义愤填膺，邓世昌等人坚决要求出兵，以雪"广乙""高升"之耻。此时，邓世昌已意识到中日难免一战，他还当众宣誓："若有不测，誓与敌同沉！"表现出与敌人决一死战的赤胆忠心。北洋水师下令撤除所有战舰将舢板，仅保留六桨小艇一只，这样既是为了避免战时引起火灾，也是表明北洋水师将士誓与舰船共存亡的决心。

1894年农历八月，中日战争爆发，因为那年是甲午年，史称"中日甲午战争"，紧接着中日甲午海战也爆发了。农历九月十七日，北洋水师完成护送轮船运兵任务后，编队返航。上午十点，北洋水师的舰队操练结束，厨房正在准备午饭。突然，黄海西南海面上升起缕缕黑烟，原来是日舰队呈一字竖阵朝北洋舰队猛扑过来，并开炮轰击北洋水师的舰船，海军提督丁汝昌急忙下令全队列阵应战。顿时，黄海海面上炮声震天，水柱腾空，一场震惊中外的海战爆发了。

最初，北洋舰队参战的军舰共十艘，成犄角鱼贯小队阵；日舰有十二艘，以"吉野"巡洋舰为先导，"松岛"等六艘舰随后，成鱼贯纵阵，"赤城""西京丸"两艘战斗力弱的战舰，列于舰队左侧作战阵形之外。当双方舰队接近时，丁汝昌下令改变阵行，将犄角鱼贯小队阵改为犄角雁行小队阵（人字阵）迎敌，但改阵未完就已与敌舰接触了。

日舰首先发炮，五分钟后，北洋舰队"定远"号发炮轰击，双方展开激战。北洋舰队提督丁汝昌乘旗舰"定远"号居中，其他战舰分左、右两翼进攻。北洋舰队的官兵面对强敌，毫不畏惧，向日本战舰发起猛攻，邓世昌的"致远"舰是北洋舰队第二队的队首，他指挥"致远"舰纵横海上，猛打猛攻。

很快，北洋水师将日本舰队拦腰截击，位于队形后面的"赤城""比睿""西京丸"等舰遭到水师军舰的猛烈攻击，受创严重。不久，北洋舰队旗舰"定远"号中炮，帅旗被击落，信号索具被摧毁，丁汝昌身负重伤，无法指挥舰队作战，"定远"号还腹背受敌。北洋水师的舰队失去指挥，阵势出现了混乱，情况十分危急。这时，邓世昌立即命令在自己的军舰上升起帅旗，沉着果断指挥舰队向敌舰发起猛烈进攻。当敌舰组成单纵阵企图绕过北洋舰队阵前，环攻右翼时，又被北洋舰队拦腰截断。邓世昌指挥"致远"纵横海上，以舰首、尾的大炮猛轰敌舰，先后发射炮弹百余发，大都击中日舰，重创日舰"比睿"号、"赤城"号，两敌舰失去作战能力被迫退出战斗，"赤城"号舰长坂元在战斗中被击毙。

北洋水师自正式建立之后，从未添置新船，炮械均比较陈旧，尤其缺乏快船和速射炮，各船舰平均时速不到11海里，而日本第一游击队的战舰平均时速达18海里，日军火炮发射速度是北洋水师火炮发射速度的四倍。负责供应北洋水师炮械弹药的天津军械总局被贪污腐化的官僚把持，舰队的炮弹得不到及时供应，更令人气愤的是，有的炮弹被偷工减料，以假充真。从整体上讲，北洋水师各舰在炮火、速度等方面均逊色于日本舰队。因此，尽管参战将士拼死一战，但北洋水师在战场上还是渐渐趋于劣势。

午后二时左右，日军第一游击队"吉野""高千穗""秋津洲""浪速"四艘快速远洋舰驶到清军旗舰"定远"舰前方，企图一起开炮击沉指挥舰。邓世昌见此情景，下令"致远"舰全速前进，冲到"定远"舰前面以保卫旗舰。日军第一游击队指挥坪井少将见"致远"

舰如此骁勇，便命令日军四舰一齐围攻"致远"。

很快，"致远"舰被敌舰包围，但是邓世昌毫不退缩，顽强指挥作战，开炮又狠又准，多次击中敌舰。但终因寡不敌众，战斗到下午三时，"致远"舰因连续遭受敌舰重炮榴霰弹的轰击，全舰弹痕累累，舰左舷吃水线以下多处受损，甲板上浓烟滚滚，船体开始倾斜，随时都有沉没的危险。这个时候，"致远"舰的弹药也耗尽了。邓世昌知道为国捐躯的时刻到了，他大声地对全舰士兵们喊话："我们参军保卫国家，早已把生死置之度外，今天虽然我们牺牲了，但我们的英勇行为可以大长国威，实现我们报国的目的。"随后，他振臂高呼："誓死不退，与战舰共存亡！"舰上官兵群情激昂，同声响应，他们都愿意跟随邓世昌血战到底。

此时，"致远"和"吉野"相遇。"吉野"是日本海军舰艇中的主力舰，被称为帝国的精锐。开战以来，"吉野"横行无忌，对北洋舰队造成了很大威胁。邓世昌怒视着"吉野"舰，对大副陈金揆说："敌舰吉野最为嚣张，它依仗速度快，炮火猛，对我军有很大的威胁。现在我们如果将它撞沉，一定能大杀敌军的威风，我军便能取得胜利。"于是，他决定与敌舰同归于尽，以自己的牺牲换取全军的胜利。"致远"舰上的士兵，有的头上扎着绷带，有的吊着受伤的手臂，有的被炮火熏得皮肤焦黑，但却人人精神振奋，站成一排。邓世昌检阅了这些勇士，然后激昂慷慨地对大家宣布："我们只有一丝胜利的希望，那就是用我们的战舰撞沉'吉野'，和它同归于尽。"

随后，邓世昌下令开足马力冲向"吉野"。"致远"舰身剧烈抖动着，像箭一般冲向敌舰"吉野"。"致远"舰视死如归的壮举吓坏了"吉野"舰上的敌人，他们顿时乱作一团，连忙扭舵调转方向，企图逃跑，并且慌忙向"致远"舰发射鱼雷。"致远"舰就要撞上"吉野"

了，但不幸被敌舰的鱼雷击中，锅炉爆炸，船身破裂，慢慢下沉。邓世昌坠海后，仍大呼杀敌，随从刘忠将救生圈让给他，邓世昌坚决不要，并说："既然军舰已沉没，我绝不生还，要与军舰一起沉没。"这时，一艘中国鱼雷艇驶来相救，他仍拒绝上去。最后，邓世昌沉海牺牲，时年四十六岁，全舰二百余名官兵，除七人获救外，全部为国光荣捐躯。

在甲午海战中，除邓世昌率领的"致远"舰上的全体官兵外，还有很多可歌可泣的英雄故事。日本舰队的五艘军舰集中火力围攻"镇远""定远"两舰时，这两艘军舰不畏强敌，始终保持姊妹队形，相互支持，最终敌人将它们各个击沉。"镇远"舰管带林镇戎率领官兵，冒着敌人的炮火奋勇还击。"镇远"舰舱面上被敌人的炮弹炸得千疮百孔，大火燃起一次，官兵就扑灭一次，但官兵们的斗志从未减弱。午后三点半，敌军军舰"松岛"舰逼近"镇远"舰，"镇远"舰准确地发出一发巨型炮弹，命中敌舰上的弹药库。霎时间，敌舰上发生猛烈的爆炸，弹片横飞，船体立即倾斜五十度，日军死伤一百多人，因"松岛"舰受损严重，不得不将旗舰转移到"桥立"舰上。丁汝昌身负重伤，但他坚持躺在"定远"舰甲板上督战，并不断激励官兵们的士气。"定远"舰管带刘步蟾不顾敌人猛烈的炮火，从容地指挥军舰进退，时刻变换位置，躲避敌人的炮火，同时指挥官兵发炮猛烈还击。

激战中，"经远"舰被击中起火，管带林永升率领官兵一面组织扑救大火，一面开炮打击敌人。这时，他发现了一艘受损的日舰，便命令"经远"全速前进，试图追上敌舰，然后将其击沉，结果，不幸被敌舰发射的鱼雷击中，全船碎裂，林永升和全舰大多官兵壮烈殉国。

激战中，"来远"舰被敌炮击中起火，大火熊熊燃烧，舵尾几乎烧成灰烬，情况万分危急，"来远"帮带大副林文彬对官兵们说，我们决不能撤离战场，一定要扑灭大火，随后率众士兵与烈火搏斗，终于将大火扑灭。"靖远"舰体吃水线外被击中，舰体进水，并且开始倾斜。由于这两舰受伤严重，只好暂时离开战场，到附近的大鹿岛进行补救。两舰经过简单的补修，又驶回战场，继续参加战斗。战后，"来远"舰驶回旅顺时，舰面皆毁裂，却能安全返航，众人无不敬佩。

甲午海战中，邓世昌赤胆忠心，奋力反抗外敌，在捍卫国家的斗争中树立了光辉的典范，受到国人的尊敬。后来，人们在成山角之巅，为邓世昌塑像建祠，以纪念他。

第五章　儒雅篇

枭雄曹操横槊赋诗

提起三国时的英雄人物，一定少不了曹操。一些小说里，曹操被塑造为奸臣，这是不符合史实的。历史上的曹操，他有卓越的政治、军事才能，才华横溢，擅长诗文，写下了不少壮丽的诗篇。

曹操，字孟德，乳名阿瞒，沛国谯（今安徽亳县）人。曹操原本姓夏侯，因为父亲夏侯嵩过继给宦官曹腾，所以随之改姓曹。曹操的祖父曹腾是宦官的总头领，封费亭侯；父亲曹嵩官至太尉。曹操从小就很聪明，行事任性仗义，无拘无束，思想敏锐，随机应变。曹操喜好飞鹰走狗，叔父看他放荡不羁，不务正业，就多次向曹操的父亲曹嵩告状。曹操因此很讨厌叔父，于是就想让叔父在父亲面前失信。一天，曹操在路上遇见叔父，故意嘴歪眼斜、面容扭曲。叔父见状问他怎么了，曹操说突然中了邪风。叔父连忙跑回去，把这件事告诉了曹嵩。曹嵩一听吓了一跳，慌忙跑来看自己的儿子，结果一看曹操的一切如常，便问："叔父说你中了邪风，现在好了？"曹操答："哪有这回事，是叔父不喜欢我，所以故意说我的坏话。"曹嵩信以为真，此后曹操的叔父再来告状，曹嵩就一概不相信了。

曹操顽皮归顽皮，他也喜欢习文练武，经常骑马射箭，打猎游玩。曹操在入仕前，对社会有了一些较深刻的认识，并立下了匡世之志。当时，很多人把曹操看成是一个纨绔子弟，加上他出身官宦家庭，所以，曹操不仅不为士人所重视，甚至还被人瞧不起。因为，东汉末年，宦官专权乱政，为士人所痛恨和不耻。曹操处事不受传统束缚，敢作敢为，无所拘束，但是因为出身和个性，又易于产生某种自卑、多疑的心理。

当时，名士桥玄、何颙、许劭等觉察到曹操有匡世的可能，并且预言曹操必成大器。桥玄官至太尉，是当世的名臣，曹操曾拜访他，他对曹操说："天下将乱，安民生以后要看你了。"并托他以后照顾好自己的妻儿老小。何颙曾在司空府为官，他见到曹操时说："汉朝就要灭亡了，你将来就是那个安天下的人。"桥玄为了让曹操出名，还把好友许劭介绍给他。许劭是一个学识渊博的人，特别擅长给人看面相。曹操备礼去见他，问他："我是一个什么人？"许劭开始看不上曹操的为人，不肯回答，后来，曹操三番五次求问才回答说："治世之能臣，乱世之英雄。"

曹操在二十岁时，被举孝廉为官。举孝廉是汉代选才任官的一种方式，即通过地方推举孝子、廉洁贤良的人为官。曹操由此入仕，并没有经过郎中令属官的试用，被任命为洛阳北部尉，主要掌管兵事或刑狱，当时京城洛阳所设的东部、西部、南部、北部四尉，洛阳北部主要职责是维护北部城区的治安。曹操年轻气盛，刚进入仕途，又想大展才能，而且胆识过人，敢作敢为。他特意制造五色棒，悬挂在所管城门的左右，凡入城违反禁令者，不管是谁都要受到棒责。

后来，皇帝最宠幸的宦官蹇硕的叔父自恃有靠山，违反禁令，酒后夜行，曹操依律将他用棒打死。这件事轰动了京城，包括皇帝在内的皇亲国戚和豪强权贵都得知了曹操的厉害，再也没有人违禁夜行了。宦官蹇硕遭到打击，他对曹操恨之入骨，但又哑巴吃黄连有苦说不出，因为明令在先，有犯禁者，一律棒杀。宦官就想了另一个办法：升曹操为顿丘（今河南清丰县西南）令，把他赶出了洛阳。曹操任顿丘令后不久，因宋皇后在汉灵帝兴和元年被废，她的父兄被诛，皇后的兄弟宋奇是曹操的从妹夫，曹操因此受牵连被免官，他只好回到家乡谯县。

曹操回到家中，却心在官场，于是他四处活动，后来被任命为典军校尉，保护洛阳。公元189年，汉灵帝驾崩，长子刘辩被立为皇帝，他的生母何太后临朝理政。外戚和宦官之间的争权斗争重燃战火。曹操从来都反对宦官专政，所以站在外戚何太后一方。何太后的兄长是大将军何进，手握大权。皇帝刘辩年纪小，大将军何进管理朝政，曹操向何进提了许多建议。何进优柔寡断，胆小怕事，不听曹操的建议，却轻信了袁绍的建议，召董卓进京诛杀宦官。

董卓在陇西一带广交朋友，培植自己的力量，带兵镇压地方起义屡立战功，被委以重任。但是，董卓这个人野心很大，何进召他进京，他立即快马加鞭，带领三千人马，直奔洛阳。董卓进京后，便开始了夺权，他先废掉了皇帝刘辩，随后又杀了刘辩及何太后，立陈留王刘协为帝，即汉献帝。汉献帝当时只有九岁，大权都落在董卓手里，董卓还自封为太师。

曹操早已看清了董卓的野心，但是他自知力量弱小，无法与其抗衡，所以没有明面上反对董卓，反而想方设法接近董卓，取得他的信任。然后，曹操便开始谋划暗杀董卓。一天，曹操暗藏宝刀来杀董卓。由于曹操深受董卓的信任，所以家人并未阻拦，曹操直接进到董卓的卧室。当时，董卓正在休息，曹操就要拔刀，董卓忽地一下从床上坐起，这可把曹操吓坏了。但是，曹操马上镇定下来，急忙跪倒在地，说："丞相，我有一口削铁如泥的宝刀，今天来特意献给您。"董卓当时也没多想，接过宝刀一看，果然是一把好刀，还高兴地赏给了曹操一匹宝马和许多财宝。

曹操行刺失败，出了董卓府，立刻骑上快马逃跑了。他知道董卓会派兵追杀自己，所以一路上不敢停留，一口气跑到了陈留。陈留太守张邈佩服曹操的胆识，见曹操来了，就热情招待了他。曹操也不隐瞒，把事情的经过一五一十地讲了一遍，张邈早就对董卓不满，他对曹操说："我这里有几千人马，愿听你指挥！"这时，曹操的好友卫兹得知曹操来到陈留，也赶到这里来。他们三人商议一番后，意见达成一致，率兵讨伐董卓，又联合天下诸侯共同伐董。后来，吕布杀来董卓，曹操才撤回了军队。此后，曹操招贤纳士，实行屯田制，招兵买马，加强军事训练。

公元200年，占据今河北、山东、山西的袁绍率领十万大军攻打曹操。当时，曹操的人马还很少，双方在官渡交战，曹操使用计谋，以少胜多取得胜利。此后，曹操逐步统一了黄河流域，兵力十分雄厚。曹操平定了北方割据势力，挟天子令诸侯，控制了朝政。

之后，曹操亲率八十三万大军，直达长江北岸，准备渡江消灭孙权和刘备的割据势力，进而统一全国。公元208年的冬天，天气晴朗，风平浪静，曹操下令在大船上摆酒设乐，款待众将。到了晚上，天空的月亮非常明亮，长江宛如一条素带；船上众将锦衣绣袄，十分威风。

曹操对众将官说："我自起兵以来，为国除害，扫平四海，使天下太平。现在只有南方还没平定，今天请你们来，为我统一中国同心协力，日后天下太平，大家共享荣华富贵。"武将们都站起来道谢，曹操非常高兴，先以酒奠长江，随后满饮三大杯，然后横槊告诉众将说："我拿此槊破黄巾，擒吕布、灭袁术、败袁绍，深入塞北，直达辽东，纵横天下，颇不负大丈夫之志，在这良辰美景，我要作歌一首：'对酒当歌，人生几何……绕树三匝，无树可依，山不厌高，水不厌深，周公吐哺，天下归心。'"曹操歌罢，刺史刘馥却说歌的内容不祥，曹操乘醉将他用槊刺死。

此后，赤壁之战，曹操险些丧了性命。孙刘联军火烧赤壁，曹操大败而归，仓皇逃回北方。从此天下分为魏、蜀、吴，三国鼎立的局面形成了。

曹操是一个世所公认的军事家，他喜欢研习兵法，并把诸家兵书辑抄而成一部"摘要"，后来又自注孙武兵法十三篇。他从诸家兵法理论中，认识了战争规律，掌握了战略战术之要，从而在群雄争霸的征战之中，能快速崛起并胜出。曹操从入仕到领军统一北方，征战三十余年。在战争的实践中，不仅充分展示了他的军事才能，也加深了他对历代兵法的理解，从而发展出自己的兵法理论。

曹操的兵法理论富有独到的军事见解：他认为决定战争胜负的是人，而不是神；在战争中要知己知彼，对敌我双方存在的度、量、数、称、胜五个相互联系、相互转化的范畴要明察了然，察敌知敌要靠人知，要利用好情报；用兵打仗必须具备丰厚的物质基础，并以这一思想为指导推行了屯田制度；克敌制胜必用智谋，以谋取胜，出奇制胜；军队建设要以法治军，从严治军，尚贤求能，知人善任，赏罚分明，关心部属，爱惜兵力；军事行动要严格保密，做到攻敌时使其不知所守，守备时使其不知所攻等，这些军事思想被充分运用于他一生的征战中。

在曹操一生的征战中，胜多败少，这也体现了曹操拥有大智大谋，并最终取得了绝对的军事优势，为以后的晋归一统奠定了基础。

周瑜赤壁逞英豪

周瑜，字公瑾，庐江舒县（今安徽舒城）人。周瑜的父亲周异曾任洛阳令，叔父周尚曾任丹阳太守。孙坚讨伐董卓时，将家搬到了舒城。孙坚的儿子孙策和周瑜同岁，两人关系非常好。周瑜生性慷慨，十分好客，在征得家中长辈的同意后，便把自家城南的大房子让给孙策住，后来两人还以兄弟相称。

当时，周瑜的叔父周尚任丹阳太守，周瑜前去看他，这个时候孙策入历阳（今安徽和县西北），准备渡江时，给周瑜写信。周瑜奉叔父周尚之命，带部队和粮草迎接孙策。孙策见到周瑜，高兴地说："我得到你，还愁成不了大事吗？"然后，周瑜跟从孙策破横江、当利（今安徽和县东），接着渡江攻破秣陵（今江苏秣陵关），打败了薛礼和笮融，转而攻占了湖孰（今江宁湖熟镇）、江乘，进入曲阿（今江苏丹阳），刘繇逃走。这时，孙策的部队已经发展到了数万人。他对周瑜说："以我现在的兵力，已经足够攻吴会、山越了，你可以回去镇守丹阳了。"于是，周瑜率部回到了丹阳。

后来，袁术派堂弟袁胤代替周尚成为丹阳太守，周瑜随周尚回到了寿春。袁术发现周瑜很有才能，便想任周瑜为将，但周瑜认为跟随袁术不会有什么成就，也不好完全回绝，所以就请求做居巢县长，欲借机回江东，袁术同意了周瑜的请求。之后，周瑜从居巢回到吴郡（今江苏苏州），孙策听说周瑜回来了，亲自去迎接他，并任命他为建威中郎将，调了两千士兵、战马五十匹给他。周瑜不仅诗文出众，而且很有音乐天赋，在当时很有名气，孙策还特意赐给周瑜鼓吹乐队。孙策还为周瑜修建了住所，赏赐之厚，无人能与之相比。孙策还对手下的诸将说："周公瑾是个英才，和我有总角之好，骨肉之情。在丹阳的时候，他率领士兵，调发船粮助我成大事，要论功行赏，现在给他的赏赐还远不能回报他在关键时候给我的支持。"

这年，周瑜二十四岁，吴郡人都称他为周郎。因为庐江一带的百姓都信服周瑜的德行，所以孙策令他出守牛渚，后来又兼任春谷长。不久之后，孙策想要攻取荆州，拜周瑜为中护军，兼任江夏太守，随军出征。孙策和周瑜攻破皖后，得到了乔公的两个漂亮的女儿，孙策娶了大乔，周瑜娶了小乔。孙策对周瑜说："乔公之女，虽饱受战乱流离之苦，但有我们两人做女婿，也足以高兴。"

接着，孙策进攻寻阳，打败刘勋，然后讨江夏，又回后平定豫章（今江西南昌）、庐陵，而周瑜则留下来镇守巴丘。两年后，孙策遇刺身亡，临终之前把国家大事交给了孙权。周瑜带兵从外地回来奔丧，留在孙权身边做了中护军，与长史张昭一起掌管军政大事。

官渡之战，曹操打败了袁绍，兵力和势力日盛，并把持朝政。曹操下书责令孙权，让他把自己的儿子送到许昌去做人质。孙权召集群臣会议，张昭、秦松等犹豫不决，只有周瑜反对。孙权不想让儿子去当人质，他独自带着周瑜见母亲，三人一起议定此事。周瑜对孙权说："当年，楚王被封到荆山之侧时，地方不满百里。但是，他的后辈都很贤能，不断扩张土地，开拓疆域，最终在郢都建立大业，占据荆扬之地，直到南海，子孙相传，延续了九百多年。现在将军继承父兄的旧业，兵精粮多，将士用命，铸山为铜，煮海为盐，境内富饶，人心安定，泛舟举帆，朝发夕到，士风劲勇，可以说是所向无敌。为什么还要送人为质给曹操？人质一到许昌，我们就只能和曹操相呼应，到时候他让我们怎样，我们就得怎样，必然会受制于曹操。将军所能得到的，也不过就是一方侯印、十几个仆人、几辆车、几匹马。这怎么能跟我们在南方建功立业相提并论呢？为今之计，最好是不送人质，先静观其变。曹操如果能以义正天下，那个时候我们再归附他。曹操如果图谋不轨，那么玩兵如玩火，玩火必自焚，将军就只要静待天命了，更加不用送人质给他了。"孙权的母亲说："公瑾说得很对。公瑾只比伯符小一个月，我一向把他当亲儿子看，你该把他当成兄长才是。"于是，孙权便没有送人质去许昌。

公元206年，周瑜率孙瑜等讨麻、保二屯，斩其首领，俘虏万余敌人。第二年，江夏太守黄祖派邓龙率兵数千攻入柴桑，周瑜率军追击，生俘邓龙。一年后，孙权讨江夏，周瑜为前部大都督，打败了黄祖。这年农历九月，曹操挥军入荆州，刘琮率部投降。曹操得到了荆州水军，拥大军数十万准备征江东。

东吴上下得知消息后都十分惊恐。孙权召集大臣商量对策，以张昭为首的大多数都认为应该"迎曹"，张昭对孙权说："曹操是豺虎一样的人物，他虽为汉相，但是挟天子以征四方，以朝廷为名征江东，今日如果抗拒他，以后会对江东更不利。我们能抗拒曹操的是长江，如今曹操得了荆州，刘表为他治水军，艨艟斗舰有数千，还兼有步兵数万，水陆俱下，非常强大，是我们所不能比的。我认为大计不如迎之。"鲁肃等人却认为应该"拒曹"，但是他们却不足以扭转局势，于是他们建议把周瑜从柴桑召回。

孙权召回了周瑜，他说："我不同意迎曹。曹操虽托名汉相，实为汉朝的国贼。将军以神武雄才，兼仗父兄之烈，割据江东，地方数千里，兵多将精，英雄乐业，当横行天下，为汉家除去一害。况且，这是曹操自己来送上门来，我们为什么要把自己的国土让给他呢？请将军好好筹划一下：曹操虽然平定了北方，但是难以与我江东进行水上作战。现在北方既尚未平安，韩遂尚在关西，是曹操的后患。如果曹操舍弃鞍马上作战，而进行水面作战，与江东一比高低，本非他们的所长。又今盛寒，马无草料，他们仍士众远涉江湖之间，不习水土，必生疾病。以上所说的四项，皆为用兵之患啊，曹操的进军是冒有很大的风险的。将军擒住曹操，就在今日了。我请将军给我精兵三万人，进驻夏口，肯定为将军打败曹操。"周瑜的话坚定了孙权主战的决心。

孙权对周瑜说："老曹操欲废汉自立已经很久了。现在天下数雄已被他消灭，惟有我们尚存，我与他势不两立。你的话正合我意。"当夜，周瑜见孙权，对他说："大臣们一见曹操的战书上写着有水陆兵八十万，就心中恐怖，但是他们却不知道虚实，就提出迎曹的建议，显然不合理。现在我们来认真核实一下，曹操带的中原士兵不过十五六万，而且长途跋涉而来，肯定疲惫不堪。投降曹操的刘表水军，最多也就七八万，而且他们肯定还存有异心。曹操带着这些士兵，虽然人数多，但是没什么可畏惧的，我们只要精兵五万就足以战胜他了。请将军不要担心。"孙权对周瑜说："公瑾，你的话正合我意。子布、文表等人，只顾着为自己考虑，真是让我失望。你和子敬跟我看法一致，有你们俩辅助我就行了！但是，五万精兵一时难凑齐，我已选好三万人，准备好了船只、粮草和各种战具，你和子敬、程普马上带兵出发。我会调发士兵和粮草继续支援你的。你能一战破曹，当然最好，如果不能，我们就与曹操决一死战！"

这个时候，刘备已经被曹操打败，正准备引兵渡江，在当阳与鲁肃相遇，两人共图计策。因此，刘备进驻夏口，派诸葛亮谒见孙权，孙权遂命周瑜及程普与刘备一起共同抗曹。孙刘联军与曹操大军在赤壁相遇。曹军因为水土不服，疾病流行，士气低落，两军刚一交战，便败了。曹操大军只好驻扎江北，战船都用铁索锁在了一起，而周瑜等则驻扎在南岸。

周瑜部将黄盖说："现在敌众而我寡，难以持久。但曹操把战船首尾相接。用铁索锁在了一起，我们可以火攻烧他。"周瑜认为黄盖说的对，两人又一起商量了一个计策。周瑜选了艨艟斗舰数十艘，里面装满柴草，灌上油脂，外面用布包好，插上牙旗，准备火攻。黄盖则先派人送信给曹操，信中说："我世受孙氏厚恩，地位待遇本不低卑，但是为人当识时务。孙氏要用江东六郡山越之人与中原百万之众对抗，众寡悬殊，胜负已定。江东士吏，不分贤愚，均知此理。只有周瑜、鲁肃执意如此。交锋之日，盖为前部，当因事变化，效命在近。"

在一个刮东南风的晚上，黄盖带着数十艘艨艟斗舰，向曹营进发。曹军都以为黄盖是来投降的，毫不防备，只是指点观看。黄盖船队行到距离曹军水寨一里左右，黄盖下命各船同时点火。船在风的推送下，很快就挨着曹操的大船，火借风势，很快就烧到岸上营寨。很快，火光满天，曹军很多人马被烧死溺死，大军败退到南郡。

曹操让曹仁守江陵，自己则返回北方。周瑜和程普进攻南郡，和曹仁隔江相对，两军并未交锋。周瑜派甘宁前去占据夷陵，曹仁分出一部分兵马去攻甘宁，甘宁向周瑜告急。周瑜采用吕蒙的计策，留凌统守卫后方，自己和吕蒙去救甘宁。周瑜解了甘宁之围后，便屯兵于北岸，与曹仁约定日期大战。周瑜亲自骑马督战，却不幸被流箭射中，伤势很重，只得退到兵营。曹仁听说周瑜卧病不起，便亲自领兵上阵，周瑜奋身而起，激励士兵，勇猛杀敌，曹仁只好退走。

周瑜和曹仁交战了一年多，曹仁大军死伤惨重，最后只好弃城逃走。孙权任命周瑜为偏将军，兼任南郡太守，并把下隽、汉昌、刘阳、州陵作为他的奉邑，让他屯兵于江陵。这时，刘备则以左将军领荆州牧，并且攻占了武陵、长沙、零陵、桂阳四郡，驻在公安。刘备为了进一步扩大地盘，去见孙权，请求把南郡借给自己，使自己控制荆州全境。

过了一段时间，曹操派蒋干前去说服周瑜。蒋干很有才气，善于辩论，他装作闲游去见周瑜。周瑜出来迎接，然后对蒋干说："子翼真是用心良苦，跑了那么远的路来我这里帮曹操做说客？"几天后，周瑜带蒋干参观了军营，检视仓库和军资器仗，然后置下酒席宴请他。席间，周瑜还展示了自己的手下、服饰、珍宝，并对他说："丈夫处世，遇知己之主，外托君臣之义，内结骨肉之恩，言行计从，祸福共之，假使苏、张共生，能改变你的主意吗？"蒋干微笑回应，无话可说。蒋干回来见曹操，对曹操说："周瑜雅量很高，非言辞所能打动。"

一年后，周瑜上疏孙权："刘备有枭雄之姿，又有关羽、张飞熊虎之将，将来必定要成就大事。我们给他土地，恐蛟龙得云雨，终非池中物，将来我们会受其害的。"但孙权认为曹操在北方势力大太，现在应该联合天下的英雄，刘备又绝非可以轻易制服的人，所以没有采用周瑜的意见。当时，刘璋为益州牧，而张鲁则不断生事滋扰。周瑜对孙权说："今曹操刚刚遭受挫折，心里还在担忧，现在根本没有心思与将军打战了。现在要抓住机会，让奋威将军取蜀，得蜀而吞并张鲁。因留奋威固守其地，好与马超结援。瑜还与将军据襄阳以进击曹操，肯定能打败他。"孙权同意了。

周瑜回江陵，准备出征事宜，但却不幸于巴丘（今湖南岳阳）病逝，享年三十六岁。周瑜死后，孙权亲自穿上丧服吊唁，他叹息道："公瑾是辅佐良才，如今英年而死，我以后还能依赖谁呢？"孙权称帝后，也仍然念念不忘周瑜，他对大臣说："没有周公瑾，我哪能被尊称帝呢？"

脸上刺字的儒将狄青

　　狄青，字汉臣，汾州西河（今山西汾阳）人。狄青出生于汾州西河的普通农家，他的父亲靠耕种勉强维持全家的温饱，母亲侯氏勤劳贤惠，善持家务。狄青由于家境不佳，不能像有钱人家的孩子那样学习经史子集，只能与一些穷人家的孩子在一起摸爬滚打。西河一带，地势开阔，地形多变，堪称习武练兵的好地方，当地农民也十分喜欢习武。地形地貌和风俗习惯也促使了一个有志从武的青少年的成长。狄青聪明伶俐，苦学苦练，十几岁时骑马射箭之术就相当熟练了。

　　狄青从小失去双亲，一直与哥哥狄素相依为命。一天，狄青给在田里干活的哥哥送午饭，路上碰到一个匆匆赶来的女子，她告诉狄青，狄素同铁罗汉在河边打起来了。铁罗汉是一个游手好闲之徒，他酗酒后来到田间无事生非，抢走了一个老实农民的干粮，农民不甘心，二人便厮打起来，铁罗汉把农民按倒在地，拳打脚踢。狄素按捺不住心中的义愤，上去对着铁罗汉就是一拳，接着一脚把他踹进河里。狄青闻讯赶到时，打斗已经结束了，哥哥正眉头紧锁地坐在一块石头上喘气，铁罗汉在河中挣扎。狄青心想：若是这家伙淹死，哥哥肯定要惹上大祸。

　　狄青立即跳河救人，铁罗汉已经扑腾得精疲力竭了，突然发现来了救星，便一把死死抓住狄青破衣衫的领子。狄青的衣领被撕了下来，他赶忙揪住铁罗汉的头发，用力把他拖向岸边。铁罗汉灌了很多水，神志已经不清,不知道是谁救了自己。狄素对弟弟说:"我打死了他,我去偿命,你为何管这闲事?"狄青安慰哥哥道:"哥哥,你快救他吧,他只是一时失去知觉,不会死的。"

这时,村民从四面八方赶来了,很多人安慰狄素:"别担心,我们会为你求情的。"小官吏也赶到了,他喝道:"谁惹事打死人,谁就要偿命。"狄青挺身而出,并对小官吏道:"我有话要说!大人误会了。事情是这样的:铁罗汉欺负村民,我一怒之下对他动了手,他自己不小心掉进水里,差一点淹死,是我哥哥救了他。"村官看着他将信将疑,又看看众人。几个村民也说:"没错,我可以作证。"狄青趁机说:"他手里还抓着我的衣领呢!"小官吏扳开铁罗汉的手,手里攥着一个破衣领。小官吏令人把狄青绑起来,狄青又说:"别急!铁罗汉还不知道是死是活呢?"狄青说完,赶快骑在铁罗汉身上,不断揉他的肚子。

很快,铁罗汉张开了嘴,大口大口地吐水。过了一会儿,他醒了过来,狄青俯身在他耳边说了几句。铁罗汉爬起来,对着狄素作揖说:"多谢你的救命之恩。"狄素很感意外,明明是我打了他,他却还要谢我。围观的人见没事了,也就各自散去,风波随之平息。狄青用机智帮哥哥躲过了一场大难。此时,狄青只有十五岁。

靠"陈桥兵变""黄袍加身"而夺取皇位的赵匡胤,为防范将领步自己的后尘,让一些著名的高级将领解甲归田,并且扬文抑武;为了防止出现藩镇割据,将财权、政权、军权集中于中央。这种体制对巩固赵宋的统治固然起到了很大的作用,但也滋生了一些弊端。北宋自创立以来,经过多年的努力,到了宋真宗年代,经济已经有了相当程度的发展,社会相对安定,但宋太祖改革留下的弊端也开始显露。其中之一便是军队的战斗力每况愈下,而军队战斗力的衰弱又导致了外族统治者的频频侵扰,使国内政治和人民生活处于动乱之中。

习武从军，报效国家，是狄青从小立下的志向。公元1032年，一个偶然的事件促成狄青实现了自己的愿望。当时，县里的衙役征收赋税，强行摊派，狄青受到了欺凌，一气之下离家出走，只身来到京城（今河南开封）参军。狄青参军那一天，正好是宋朝科举考试发榜的日子，中进士的人从皇宫中出来，人们都围上去观看，一睹进士的风采。当时，狄青和几个士卒也正巧在场，几个士卒不无感慨地说："看看这些进士，我们只是小兵，潦倒与富贵，命运的悬殊多大啊！"狄青对他们说："话不能这么说，这要看各人的才能。"一句话，引起了其他几个人的讥笑。

狄青虽然出身寒门，可是在军营中常引用当年秦末农民起义军首领陈胜的话："燕雀安知鸿鹄之志？"言下之意，凭自己的才能可以成为一个真正的大将军，为国效力。在当时，他常受到周围士兵们的挖苦讽刺："你别做美梦了。麻雀就是麻雀，怎么能成了凤凰？"在等级森严的封建社会，狄青出身寒门，很难走到上层阶层。尽管狄青受到多次打击，他的信念依然丝毫未变。

开始，狄青只是"拱圣营"里的一名小兵。后来，他因为身材魁梧、武艺高强，得到长官的青睐，被提升为三班差使。几年后，他由"骑御马直"提升为一个领军作战的将军。宋仁宗时，宋朝和西夏之间不断地发生战争。狄青在与西夏人交战中，常常披头散发，戴着铜面具，作战勇猛，冲在最前面和敌人拼杀，多次打退了敌人的进攻。狄青的这种顽强战斗精神感动了士兵们，他们也很勇猛，那些西夏兵只要听到狄青的名字，总是胆战心惊，还没有交战就先在勇气上输了一截。

狄青作战勇敢，足智多谋，在宋军中名声大震，得到一些名将的赏识。当时，任陕西经略的范仲淹就夸赞狄青："狄青是国家的良将，应该受到培养和重用，使他能有一个更好的用武之地。"他还专门送给狄青一部兵书，语重心长地对他说："我是个年长的人，很希望你能成材，你要认真地读一读这本书。你领兵作战如果不懂得用兵之法，不过是匹夫之勇罢了，难以担当重任。"狄青听了范仲淹的劝告，就用闲余时间来阅读兵书。但是，狄青出生在贫苦农家，从小没有受过正规的教育，文化水平很低，读书很费劲。他经常要作战，东奔西跑，也没有养成读书的习惯。所以，狄青一开始读这部兵书，总是静不下心。但是，狄青不自暴自弃，尽力约束自己坐下来读书。经过不懈的努力，他终于把古代的将帅兵法通读了几遍，成为一个既满腹韬略，又勇猛善战的一代儒将。

公元1052年，宋朝西南地区的侬智高发动叛乱，建立大南国。宋仁宗先后派张忠、蒋偕前往讨伐，可是他们都因为指挥不当大败而归，损失了不少士兵。宋仁宗皇帝十分担心，苦苦找寻合适的将领，这个时候，狄青毛遂自荐，恳请皇帝派自己出征，他还向宋仁宗立下一份军令状："狄青本来就是行伍出身，我义不容辞担负着保家卫国的职责，我愿意带兵前去平定叛乱，不杀叛贼誓不回，甘愿军营受斩。"宋仁宗听了狄青的一番肺腑之言，十分感动，立刻命令狄青挂帅出征。狄青到阵前首先惩治了战斗不得力的将领，整顿了军纪，使得宋军士气为之大振。

后来，狄青和侬智高叛军进行了一番苦战，他果然不负宋仁宗所托，终于取得了胜利，收复了失地，侬智高也被迫在大理自杀。在这次平叛战役中，狄青战功卓著，解除了宋仁宗的顾虑，得到了宋仁宗的赏识，被破格提拔为枢密使，成为朝廷中掌握军权的最高将军。

按照宋朝兵制，士卒地位十分低贱，要像罪犯一样在脸上刺字，用来防止士兵逃跑。狄青参军时，就被在脸上刺了字。狄青从一位士兵奋斗到枢密使，很不容易，宋仁宗觉得他脸上有刺字，有损于狄青的官威，可能会被人笑话，所以就劝狄青把脸上的刺字去掉，狄青执意不肯，他还对宋仁宗说："臣要谢陛下不问出身和门第，论功行赏，我才能从一个普通士兵走到今天。我要保留脸上刺字，是为了证明陛下的英明，为了激励其他人也建功立业，也是为了时刻提醒自己戒骄戒躁，"宋仁宗听完后，十分高兴，就不再提这件事了。宋仁宗曾多次对着大臣们说，为大宋能有狄青这样一位大将军而自豪。狄青直到去世时，脸上的刺字依然清晰可见。

狄青戎马一生，智勇双全，北战西夏军，南战侬智高，有力地维护了北宋王朝，为统一国家做出了重要贡献。一个农家子弟最终成为宋朝最高军事机关统管军政要务的高级官员，这在北宋历史上绝无仅有。

辛弃疾跃马敌穴擒叛将

　　宋代的辛弃疾不仅是著名的词人，而且还是一位英勇善战的抗金将领。靖康之难后，金兵肆虐中原大地。辛弃疾出生在山东历城，那时金兵已经占领了他的家乡。辛弃疾父母双亡，他从小与年迈的爷爷辛赞相依为命。爷爷辛赞从辛弃疾懂事起，就不断地给他讲一些抗金义军的故事，让他不要忘记国家蒙受的耻辱，激励他将来报国。辛弃疾立下志愿，长大后一定要到战场上奋勇杀敌，保家卫国。

　　辛弃疾年轻时，曾跟随老师蔡伯坚学习，他在学习之余更多的是关注金兵在中原地区的举动。辛弃疾二十岁时，金海陵王完颜亮率领金兵南侵，辛弃疾立刻在当地组织了两千余名老百姓奋起抗金。没过多久，辛弃疾的这支部队就被整编到耿京领导的抗金义军中。耿京十分信任辛弃疾，让他当"掌书记"，主管大印、信符和处理重要的文书。

　　当时，辛弃疾的朋友义端是和辛弃疾一同来投奔耿京的。义端原本是个和尚，存有很多金银财宝，可是被金兵抢光了，他就率领一千多人起义抗金。后来，他和辛弃疾一起把队伍带去投奔了耿京。但是，义端到这里之后，不服从别人的领导，总想把起义军的大权骗到自己手里。义端几经努力阴谋都没有得逞，于是他又想投降金军。义端准备偷走耿京的大印，以此为见面礼去投降金军。于是，他就趁辛弃疾出去巡逻还没有回来，偷偷地溜进辛弃疾的营帐里，偷走了辛弃疾放在床上的耿京大印。

义端得手之后，就骑上快马往金军的营地奔去。辛弃疾回来后，发现大印不在，问手下谁来过这里，有人告诉他义端来过，可是他到处也找不见义端的人影，就断定大印是被义端偷走了。辛弃疾马上把丢印的事情告诉了耿京，耿京一听，十分恼火，要杀掉辛弃疾。辛弃疾请求先让自己去追回大印，回来再受刑，耿京同意了他的请求。辛弃疾立即骑上快马，抄小路去追义端。追上之后，辛弃疾与义端打了起来，最终杀掉义端，夺回大印，避免了义端的叛变和起义军的损失，耿京也就原谅了他。

第二年，金世宗劝反金起义军投降，说如果投降，就给起义军好处，否则就要全力攻打，直到消灭他们。辛弃疾和耿京商量，决定马上和南宋军队联合，两面夹击敌人。于是，耿京就派辛弃疾去建康，并把这个建议告知宋高宗。后来，宋高宗命他们把队伍带到南方的海州。辛弃疾高兴地回去复命，辛弃疾路经海州，去拜见当地的南宋将领李宝和王世隆时，他们告诉辛弃疾，耿京队伍中的张安国叛变，已经杀害了耿京，带领队伍投降金军了。辛弃疾听了，大骂张安国是个叛徒，然后就跃上战马，跟王世隆一起，带了五十个士兵去济州（今山东巨野）捉拿叛徒张安国。

这时候，张安国已经被金朝任命为济州知府。辛弃疾到济州城时，张安国正在和金军主帅喝酒。张安国知道辛弃疾才智在常人之上，所以就想劝降辛弃疾来归顺他。可是，没料到辛弃疾见到张安国，一言不发，一手举剑，一手抓住张安国，一把就把他提到了马上，并迅速拿出绳子把张安国捆绑在马上，一行人就飞奔而去了。辛弃疾把张安国带回南宋，朝廷下令把张安国斩首，然后任辛弃疾为官。后来，辛弃疾就一直在湖北、湖南和江西等地领兵抗金。

辛弃疾南归的第二年，宋朝将领张浚领兵北伐失败，南宋朝廷上下都倾向于与金国议和。辛弃疾虽然官职低，但是时刻没有忘记抗金大业，他坚决主张继续抗金，写成《美芹十论》献给宋孝宗。辛弃疾在《美芹十论》中仔细分析了女真统治集团内部的尖锐矛盾，对南宋如何充实国力、积极备战、完成统一中国大业等方面提出了具体的建议，并表达了北方人民对女真统治者的怨恨。后来，辛弃疾又写了主张抗金的《九议》，献给力主北伐的宰相虞允文。在当时，他的这些献策深受人们称赞，广为传诵，但是南宋皇帝已不愿再打仗，所以朝廷反应冷淡。南宋朝廷虽未采纳辛弃疾的建议，但通过这些献策看到了他的忠心和才华，于是就把他派到湖北、湖南、江西等地担任转运使、安抚使一类重要的官职，去治理荒政、整顿治安。然而，这与辛弃疾驰骋沙场的理想大相径庭。虽然辛弃疾在这些地方都干得非常出色，但是他深感岁月流逝、人生短暂而壮志难酬，内心十分压抑和痛苦。

公元1169年，辛弃疾改任建康通判，他登上建康水门城上的赏心亭，写下一首《念奴娇》："我来吊古，上危楼、赢得闲愁千斛。虎踞龙盘何处是？只有兴亡满目。柳外斜阳，水边归鸟，陇风吹乔木。片帆西去，一声谁喷霜竹？却忆安石风流，东山岁晚，泪落哀筝曲。儿辈功名都付与，长日惟消棋局。宝镜难寻，碧云将暮，谁劝杯中绿？江头风怒，朝来波浪翻屋。"这是一首吊古伤今、关心国家民族兴亡的词，言语中流露出来的苦闷和落寞令人心酸。现实是残酷的，辛弃疾虽有出色的才干，但豪迈倔强的性格和执着北伐的热情，却使他难以在南宋官场上施展抱负。

公元1174年，辛弃疾任江东安抚司参议官，他的抗金报国之志无处施展，他感到极其压抑、愤懑。他在登临赏心亭之际，把一腔郁闷宣泄出来，写出千古传诵的名作《水龙吟·登建康赏心亭》："楚天千里清秋，水随天去秋无际。遥岑远目，献愁供恨，玉簪螺髻。落日楼头，断鸿声里，江南游子，把吴钩看了，阑干拍遍，无人会，登临意。休说鲈鱼堪脍，尽西风，季鹰归未？求田问舍，怕应羞见，刘郎才气。惜流年，忧愁风雨，树犹如此。倩何人唤取，红巾翠袖，揾英雄泪。"在这首词中，他表达了国势飘摇，自己不能建功立业，却白白虚度大好光阴，英雄无用武之地的苦闷；他还用了张翰、许汜、桓温鸡几个典故，表明自己不会归隐江湖、更不屑求田问舍替个人经营。

公元1175年，一支贩卖私茶的商人队伍在湖南、江西武装起义。农历六月，南宋朝廷任命辛弃疾为江西提刑，负责剿灭起义军。辛弃疾以"思雪国耻"为己任，现在却只能做剿灭起义军的事情，心中十分苦闷，驻扎于虔州（今赣州）的时候，他登上郁孤台，俯视向西北流去的江水，写下了《菩萨蛮·书江西造口壁》："郁孤台下清江水，中间多少行人泪。西北望长安，可怜无数山。青山遮不住，毕竟东流去。………"

辛弃疾投归南宋后的四十多年里，一直受着南宋朝廷中当权派和求和派的排斥，使他不能大展雄才。每到一处，他都鼓励发展农业生产，减轻徭赋，积极备战练兵。每到一个地方任职，他总是做些兴利除弊的好事；对于所部官吏中精明强干的，他都及时加以荐举；对贪污无能者，则及时加以论劾。由于他坚决主张抗金，反对朝廷的投降政策，一直受到当时投降派当道的官场的歧视与排挤。

公元1205年，辛弃疾已六十六岁，他来到京口（今镇江市），北望处在敌人铁蹄下的中原，回忆起四十三年前自己南归时豪情万丈、热血沸腾的情景，写下了令人回肠荡气的千古名词《永遇乐·京口北固亭怀古》："千古江山，英雄无觅孙仲谋处。舞榭歌台，风流总被雨打风吹去。斜阳草树，寻常巷陌，人道寄奴曾住。想当年，金戈铁马，气吞万里如虎。元嘉草草，封狼居胥，赢得仓皇北顾。四十三年，望中犹记，烽火扬州路。可堪回首，佛狸祠下，一片神鸦社鼓。凭谁问：廉颇老矣，尚能饭否？"这首词是说江山还在，可是却没有像孙权一样的英雄了，他所有的功绩被历史洗刷去了。想当年，刘裕北伐是多么壮观，宋文帝刘义隆在毫无准备的情况下北伐，最终却大败而还。现在，金军在攻打扬州，南宋的统治者却还活在醉生梦死之中。自己就像廉颇一样老了，还能有爱国热情，希望为国效力，可是却没有人能了解他。

后来，辛弃疾得重病去世了，辛弃疾在弥留之际，依然还想带兵抗金。

王阳明集文武于一身，功名耀古今

王阳明，浙江余姚人，起初名云，后来改名守仁，字伯安。王阳明的母亲怀孕十四个月才生下他，在他出生前的一天晚上，祖母梦见一位神仙从天上腾云驾雾而来，送来了一个小孩儿，直落到自家房中，随后王阳明出世。王阳明五岁了还不会讲话，家里人十分着急，都以为这孩子是个哑巴。后来有一日，王阳明正在门前玩耍，忽然来了一位道人，用手抚摸他的头顶。家人问他在做什么，那人却只说了一句"这个孩子应该叫守仁"，随后就飘然而去，不知所踪。家人都感到十分惊诧，也没有去追赶，便为他改名守仁。说来也奇怪，改名字后不久，王阳明便能像正常人一样说话了。

王阳明的父亲王华，曾考中进士，后来任学士一职，为皇帝讲解经书。王华博学多才，言谈举止文雅有风度，因此深受明孝宗的喜欢。明武宗正德初年，王华晋升为礼部左侍郎。后来，因王阳明得罪宦官刘瑾遭贬，王华也受到了牵连，被调任为南京吏部尚书，后来又因所修的《会典》有小失误，被降职为右侍郎。直到宦官刘瑾倒台，王华才官复原职，但是没不久，他便去世了。王华极为孝顺，母亲岑氏一百多岁去世，王华当时也已七十多岁，仍然睡草铺，吃粗食，为母亲守孝，老百姓都赞美他的孝行。

王华对孩子的家教非常严格。王阳明小时候，有段时间痴迷于下棋，并且常常因此耽误功课。王华屡次责备王阳明，他却总是改不了，仍沉溺于下棋。一次，王华十分生气，就把王阳明的象棋子连棋盘全扔到了河里。这一举动，使王阳明深受震动，随后醒悟过来，他还写了一首《哭象棋》："象棋在手乐悠悠，苦被严亲一旦丢。兵卒坠河皆不救，将军溺水一齐休。马行千里随波去，士人三川逐浪游。炮响一声震天地，忽然琼起卧龙愁。"他用此诗以寄托自己的志向，并且自喻为诸葛亮。

王阳明自小学文习武，十五岁时，他开始四处游学，客居于居南关、山海关一带。王阳明熟读兵法，喜欢谈论军事，并且擅长射箭，箭术极其精妙，经常独自一人骑马出塞，观赏塞外的山川名胜，流连忘返。王阳明二十岁时，参加了乡试，考中举人，后来又考中进士。

不久，王阳明被授任兵部主事。总督军务的太监张忠认为他不过是一个儒生，却被授任兵部的要职，心里很不满，也很蔑视他。一次，张忠当着众人的面命令王阳明射箭，想借此机会羞辱他一番，王阳明却并不示弱，跨步上前，弯弓搭箭，连续射了三箭，全部命中靶心。在场观看的人不禁大声欢呼，为王阳明喝彩，张忠见状，神情沮丧，垂头丧气。

正德初年，王阳明因直谏被贬至贵州龙场。王阳明到任不久，捕获了一个罪大恶极的强盗头目。这个强盗平时杀人越货，无恶不作，王阳明审讯他时，他还摆出一副无所谓的架势，说："我犯的是死罪，要杀就杀，要剐就剐，随你的便，就别废话了！"王阳明微微一笑，说："那好吧，今天就不审了。不过，天气太热，你还是先把衣服脱了，我们随便聊聊。"强盗头心想，脱外衣还可以松松绑，于是说："脱就脱吧。"王阳明又说："天气实在是热，不如把内衣也脱了吧！"强盗头目心想，光着膀子也是经常的事，没什么大不了的，于是说："脱吧。"王阳明接着说："膀子都光了，不如把内裤也脱了，一丝不挂，岂不更好？"强盗头目马上紧张起来，连忙说道："不好，不好！"王阳明说："有什么不好？你死都不怕，还在乎一条内裤吗？看来你还是有廉耻之心的，是有道德良知的，你并非一无是处呀！"强盗头目点头称是，便把罪行从实交代。王阳明在龙场不断地思索，最终创立了"心学"，这只是他一次小小的实践。

公元1510年，宦官刘瑾倒台，王阳明受到同僚推荐，开始担任一些重要职务。1516年，福建、江西、广东多地发生了农民起义，王阳明被朝廷任命为都察院右都御史兼巡抚，作为地方的最高军政长官，负责镇压农民起义。王阳明上任后，针对农民起义的烈火愈烧愈烈的形势，派人四处散布消息说，官兵不准备防守了，他们要全面撤退，等待时日再来剿杀；暗中却集中优势兵力加紧训练。一个月后，王阳明发动突然袭击，重创农民起义军。

王阳明为了这些地方的长治久安，改革兵制，对军队重新编组，以提高战斗力。王阳明在农村还推行"十家牌法"，即十家一牌，互相监督、互为担保，一家犯法，其他九家一同连累受罪。王阳明还兴办学校，教百姓读书识字，宣传朝廷的法度和政策，防止民众违法犯罪。王阳明采取的一系列措施收到了良好的效果，同时他也因为平定叛乱有功，加官晋爵。

1519年，南昌的宁王朱宸濠举兵叛乱。宁王叛乱蓄谋已久，他组织了十万大军，顺江而下，势如破竹，准备一举攻下南京，然后自立为皇帝。时任赣南巡抚的王阳明奉命阻击，他采取围魏救赵的战术，直接攻打宁王的老巢南昌。宁王见南昌危险，只好回师救援，双方大战于鄱阳湖上。王阳明命人写了很多的免死牌："宸濠叛逆，罪不容诛；胁从人等，有手持此板，弃暗投明者，既往不咎"，把它们扔入鄱阳湖中。后来，叛军几乎人手一块，叛军很快就军心大散。朱宸濠仰天长叹："好个王阳明，我的家事，何劳费心如此！"在短短三十多天的时间内，宁王叛乱就被王阳明平息了。王阳明因为屡立战功，政治声望不断升高。

王阳明虽然功劳多，但是仕途却很坎坷。1505年，正德皇帝继位。正德皇帝风流成性，荒淫无道，整天与一帮宦官混在一起，游山玩水，酗酒取乐，把朝政当儿戏，任由刘瑾等宦官处理。刘瑾狐假虎威，败坏朝政，有良知的官员无不痛心疾首，但是大部分官员选择了趋炎附势。1506年冬，戴铣、薄彦徽等二十多人上书正德皇帝，要求严惩刘瑾一伙人，结果皇帝不理睬，还把他们打入死牢。

当时，王阳明任兵部主事，他出于义愤，冒死和其他官员一起上书为戴铣、薄彦徽等辩护，请求释放他们。正德皇帝看了奏书，很不高兴，他对刘瑾说："这些小事不要来烦我了，你自己看着办吧。"刘瑾因此对王阳明等人恨之入骨，他当即下令，将王阳明重打四十大板，贬至贵州龙场做一个没有品级的驿丞。尽管这样，刘瑾依然没有放过王阳明，他暗中派人尾随王阳明，准备将他在途中害死。

王阳明行至钱塘江，刘瑾派出的杀手也赶到了这里，两人相遇，王阳明急中生智，把自己的衣物和行李留在岸边，乘夜色跳入江水，制造了投水自杀的假象。浙江官府和他的家人都以为他自杀了，在钱塘江中四处寻找尸体，还在江边哭吊了一场。王阳明潜逃到福建，想隐姓埋名了此一生，又担心这样影响家人的安全，最后只好想方设法避过追杀，到贵州赴任。

后来，刘瑾倒台了，王阳明被重新起用，但他的仕途并没有一帆风顺。王阳明迅速平定了宁王朱宸濠的叛乱，但是却没有受到嘉奖，反而招来了横祸。原来，正德皇帝感觉在宫里没什么意思，正想借宁王叛乱之机，体验一下御驾亲征，过一把打仗的瘾。没想到王阳明很快就平定了叛乱，正德皇帝龙颜大怒，认为王阳明轻易平定叛乱，是对皇上的大不敬。有一些官员乘机弹劾王阳明，说他原本与宁王相互串通，所以才会轻易将宁王俘获。

王阳明无奈之下，只好假装把宁王放掉，正德皇帝自封为"威武大将军"，亲自率领大军把宁王捉住了。正德皇帝和宦官总算过了一把打仗的瘾，上演了一场闹剧。正德皇帝和宦官亲征后，还装模作样地宣布："御驾亲征大获全胜，平定了宁王叛乱。"最终，正德皇帝和宦官把平叛宁王的功劳记在他们的身上。王阳明不敢再奢望什么功劳，保全性命已属万幸。

一年后，荒淫的正德皇帝驾崩了，嘉靖皇帝继位登基。王阳明虽然屡立战功，但是他的仕途仍未有什么改变，他被任命为南京兵部尚书的闲职。王阳明十分忧愤，他以回家养病为名请求辞官，皇上也批准了。王阳明回到老家后，兴办书院，讲学不辍，继续完善和传播他的心学思想。

嘉靖六年，广东、广西再次爆发农民起义，朝野上下又想到了被闲置已久的王阳明，想让他重新出山，镇压农民起义。这个时候，王阳明的身体每况愈下，到任不到一年就病逝了。

王阳明的一生集文武于一身，并在这两方面都做出了惊人的成绩。

左宗棠饱读诗书，纵横捭阖

　　1812年，左宗棠出生于湖南省湘阴县。后来，他随父亲到长沙读书。1829年开始，左宗棠开始涉猎历史、地理、军事、经济、水利等经世致用之学。1832年，左宗棠参加湖南乡试，与兄长一同中榜。此时，左宗棠年轻气盛，志向远大，以为仕途之门已经为自己打开。

　　后来，左宗棠离家赴京参加会试。因为左宗棠把主要精力用于钻研经世致用之学，所以在僵化的八股考试中，难以展示才华。会试结束后，左宗棠落榜了。此后，左宗棠又参加了二次会考，结果仍是名落孙山。连续遭受打击的左宗棠内心十分苦闷，他写下了"学之为利我何有""蚕已过眠应做茧"等诗句，抒发惆怅。

　　左宗棠会试失败后，隐居乡间，开始潜心研究学问，他以"匡时济世"为目的，研读了大量兵书、地理学方面的书籍。1838年，左宗棠为了谋生，到安化两江总督陶澍家中任教。在此期间，左宗棠对地理学、农学、经济学以及边防和对外关系等方面的研究达到高峰。他抄录了《畿辅通志》《西域图志》及各省通志，撰写了《广区田图说》，完善并重新绘制了大清地图，这些都为他后来的从政和治军打下了坚实的基础。左宗棠的学问得到了胡林翼、陶澍、林则徐等官员的赏识，他们一直找机会推荐他。

　　最初，胡林翼将左宗棠荐给了陶澍。后来，林则徐任云贵总督，贵州知府胡林翼又把他推荐给林则徐。林则徐对左宗棠的学识早有所闻，便邀请他来一起谋事，但是左宗棠因受聘于陶澍家，未能成行。后来，胡林翼又将左宗棠推荐给湖广总督程裔采，但是没有被录用。胡林翼又多次向朝廷举荐左宗棠。直到1852年，左宗棠已年满三十七岁，湖南巡抚张亮基礼聘他为帐中谋士，左宗棠才正式踏入仕途。

左宗棠进入张亮基帐下不久，便发挥出其卓越的军事才能。当时，太平天国军正在围困长沙，左宗棠作为张亮基的主要幕僚，提出了许多实用有效的建议，帮助张亮基与太平军周旋。在长沙危急之时，左宗棠又献上了"河西合围"之计，意在围困和歼灭太平军。太平军北上后，左宗棠又帮助张亮基训练兵丁，整饬吏治，因此深得张亮基的信赖。

此后几年，左宗棠主要活动在湖南。当时，湘军主力出省镇压太平军，湖南东部经常爆发农民起义军。左宗棠面对这样的形势，全力为征战的湘军筹办粮草、船炮、军械，同时他还设法同来自各方的武装力量进行周旋。清廷终于认可了左宗棠的卓越才干，清廷重臣潘祖荫也称赞道："国家不可一日无湖南，湖南不可一日无左宗棠。"由此可见左宗棠在清朝廷中的重要地位。但是，接下来发生的事情让左宗棠始料不及。1856年，湖广总督忽然奏劾左宗棠，一时间他的处境十分危险。后来，经胡林翼、曾国藩等多人的帮助，最终才幸免于难。左宗棠再次遭受挫折，一时心灰意冷，结果却因祸得福。1860年农历六月，左宗棠被任命为四品京官，跟随曾国藩治军，开始招募"楚军"，即后来的左宗棠系湘军。自此，左宗棠的人生道路上迎来了一次重大的转机。

左宗棠的"楚军"刚组建不久，就与太平军几度交手，而且战绩不错，声望一时大增。1861年，左宗棠被举荐，接替身亡的王有龄就任浙江巡抚，收拾被太平军攻占后的浙江残局。这个时候，左宗棠已成为拥兵自重、名声显赫的一方重臣，与在别的官员帐下当幕僚时已大为不同。左宗棠挟楚军初战之余威，带兵来到江浙，利用太平军的内乱，很快占领了杭州及余杭等地，成为晚清一代名将。

此后，左宗棠开始了他的第二次征战，这次的主要战场在陕西和甘肃，征战的对象为捻军和回民起义军。太平军兴起时，活跃在北方各省的农民武装，被称为捻军。太平军起义失败后，捻军首领张宗禹、任化邦与太平军余部赖文光联合，一起抗清，组成了一支以抗清复兴太平天国为目标的新捻军。新捻军分为两路：赖文光余部为主的一路为"东捻"，张宗禹为主、活动在陕西一带的称为"西捻"。左宗棠受命征讨的是"西捻"。

左宗棠率兵入陕后，首先研究了西捻的作战特点，然后兵分两路，渡渭水而下，准备大举进攻西捻。令左宗棠想不到的是，此时西捻却主动让出了渭水西岸地区，转而西进泾阳、咸阳，渡过泾水，在蒲城一带集合。左宗棠得到消息，连忙调整兵力，并亲自赶到泾西，布置好包围圈，想于泾水将西捻一举歼灭。在泾水岸边，左宗棠认定捻军"西不能过幢关，北不肯审北口，非从西路折向东南，别无去路"。于是，他决定缩小包围圈，然后就地解决他们。不料，西捻突然以骑兵猛攻渭北，很快突破了包围圈，进入陕北，并连克安塞、延川等地。

与此同时，回民起义军与西捻遥相呼应，也乘势攻下绥德。接连被攻克城池，清廷备受打击，皇上震怒，左宗棠认为捻军"飘忽驰骋，避实就虚，遇官军见不可撼，则望风远行，瞬息数十里；待官军追及，则又盘旋回折"，他们是很难对付的。西捻军的胜利让左宗棠体会到了失败的滋味，也使他开始反思自己的作战方略。他和平定东捻后赶来的李鸿章一起商议，发现西捻没有战略根据地，难以进行持久作战。于是，左宗棠一改以往紧跟追击的办法，转而逐步缩小包围圈，慢慢夺回战争的主动权。

左宗棠新的战争策略很快见到了效果。1868年农历六月，以张宗禹为首的西捻被左宗棠封锁在冀、鲁边界沿海的狭小地带，经过激烈厮杀，最终全军覆没。中国北方各省的捻军起义，最终宣告失败。左宗棠得胜之后，又挥师西下，乘势镇压、招抚了西北的回民起义军，凯旋入关。一天晚上，左宗棠大军刚刚扎营完毕，他忽然传下将令：立即拔营，继续前进！全军将士长途跋涉，已疲惫不堪，正想好好地休息一番，因此谁也不愿再动。一些将领们相约来到左宗棠的大营，请求他收回命令。

左宗棠见手下都不愿继续前进，勃然大怒，他说："我立即上马出发，敢违命落后者，军法惩治！"左宗棠军令极严，将士们虽然有很大的怨气，却也不得不拔营，整队紧随其后。过了很久，左宗棠问身边的偏将："我们走了多少路？"偏将回禀："距离先前宿营的地方已有四十多里了。"左宗棠说："那好，就在这儿扎营吧。"将士们重新安歇不久，忽然听到身后隐隐传来阵阵爆炸声。过了一会儿，后队巡逻兵来到帅营禀报说："先前宿营的地方爆炸了，已经陷成一个个巨坑。"全军将士得知后，个个惊骇万分，都为躲过这一劫难而庆幸不已，对左宗棠更加佩服。众将询问左宗棠是如何预测到这场灾难的，左宗棠说："刚刚驻军，我忽然想起，那些头领们虽然投降了，但并非心悦诚服地归顺，而是迫于我们的军威，他们中肯定有人会挟恨报复。我们驻军之处也早在他们的预料之中，我发现地下似乎有回应之声，像是有地洞，于是我立即传令速速避开。现在已经可以证实，那儿不但有地洞，而且里面藏着不少硫黄火药。可是当时由于拿不准，又怕引起慌乱，才没有明说。"从这件事中，可见左宗棠的高明。

左宗棠连年征战，剿灭了很多场农民起义。左宗棠也因战功卓著被赏赐加协办大学士衔，后又晋为东阁大学士。收复新疆是左宗棠晚年的又一大壮举，仅仅几个月时间，左宗棠就带军攻克了除俄国占领的伊犁之外的南疆所有重镇，使新疆重又回到祖国怀抱，这也成为他人生中最为辉煌的功绩。

第六章　少帅老将篇

马踏匈奴的天才少帅霍去病

霍去病的母亲是平阳公主府的女奴卫少儿，他的父亲是平阳县小吏霍仲孺。霍仲孺跟公主的女奴卫少儿私通，后来卫少儿产下一个男婴，就是霍去病。因为父亲不敢承认私通，他的母亲又是个女奴，他只能以私生子的身份生活。霍去病刚满一周岁的时候，他的姨母卫子夫被选入汉武帝的后宫，并且很快得到皇上的宠爱，被封为夫人，地位仅次于皇后。霍去病的舅舅卫长君、卫青也随即晋为侍中。卫氏家族的命运从此改变了，这时候没人能预想到卫青和霍去病会被封侯，也没想到他们会改变汉匈之间的攻守形势。

汉武帝时期，汉朝的边境时时遭受匈奴人的侵扰。匈奴是游牧民族，他们烧杀掳掠无所不为，几乎把汉朝当成了获取生活物资的库房。面对这样的局面，汉朝的皇帝无力从根本上改变，更多的时候只能寄希望于和亲换得暂时的平安。汉武帝执政之后，他有雄才大略，希望改变这样的形势，他很快就找到了一些志同道合的人，其中就包括卫子夫的弟弟卫青。

公元前130年，卫青被汉武帝委以重任，封他拜车骑将军，和另三员将领各率一支军队出塞。在这次出兵的过程中，四路大军出塞，第一次出塞领兵的"骑奴"卫青，出上谷直捣龙城，斩敌七百，卫青的军事天才使汉武帝刮目相看。其他三路都大败，老将李广竟然被匈奴所虏，后来所幸逃归。此次之后，卫青屡屡出征，战果累累。

卫青建功立业的时候，霍去病也渐渐长大。他在舅舅卫青的影响下，自幼喜好骑射，虽然年少，却不屑于像那些王孙公子一样享受长辈的荫庇，他渴望自己能够杀敌立功。公元前123年，汉朝与匈奴展开了漠南之战，未满十八岁的霍去病主动请缨，汉武帝遂封他为骠姚校尉随军出征。霍去病在战场上，带领八百骑兵在茫茫大漠里奔驰数百里，寻找匈奴的踪迹。结果，霍去病独创的长途奔袭，首战告捷，斩杀匈奴二千余人，杀死匈奴单于的一个叔父，还活捉了单于的另一个叔父。霍去病取胜后，还全身而返，汉武帝赞叹他勇冠三军，遂封他为"冠军侯"。霍去病的首战告捷，也预示了汉朝最耀眼的一代名将横空出世了。

公元前121年春，十九岁的霍去病被任命为骠骑将军，独自率领精兵一万出征匈奴。霍去病不负众望，在千里大漠中闪电奔袭，迂回作战，打了一场漂亮的胜仗。他转战匈奴五部落，一路猛进，并在皋兰山与匈奴卢侯、折兰王打了一场硬碰硬的生死战。在此战中，霍去病虽然取胜，但是损失惨重，一万精兵仅剩下三千人。匈奴更是损失惨重——卢侯王和折兰王都战死，浑邪王子及相国、都尉被俘虏，匈奴休屠祭天金人也成了汉军的战利品。在这一场血战之后，汉朝中再也没有人质疑霍去病的统军能力，他成为汉军中的一代军人楷模。

同年夏天，汉武帝决定乘胜追击，收复河西。霍去病被任命为汉军的统帅，统领人马出征，老将李广等人只作为他的策应部队。在这次出征中，配合霍去病作战的公孙敖居然在大漠中迷路，而老将李广的策应部队则被匈奴左贤王包围。霍去病只好再次孤军深入，并再次大胜。在祁连山，霍去病所部斩敌三万余人，俘虏了匈奴王爷、匈奴大小阏氏、匈奴王子、相国、将军、都尉等上百人。此役之后，汉朝收复了河西平原，匈奴只得退到焉支山北。曾经在汉朝边境所欲为、使很多汉人家破人亡的匈奴唱出了哀歌："亡我祁连山，使我六畜不蕃息；失我焉支山，使我妇女无颜色。"从此，汉军军威大振，霍去病也成了令匈奴人闻风丧胆的战神。

匈奴经过了两次惨败，匈奴单于想狠狠地处理一再败阵的浑邪王。结果消息不慎走漏了，浑邪王和休屠王便想要投降汉朝。汉武帝不知匈奴浑邪王和休屠王的投降是真是假，遂派霍去病前往黄河边受降。霍去病率兵渡过黄河的时候，匈奴浑邪王和休屠王部发生了哗变。面对这样的情形，霍去病只带着数名骑兵就冲进了匈奴营中，当面逼迫浑邪王诛杀哗变士卒。那个时候，浑邪王完全有机会把霍去病扣为人质或杀之报仇，只要他这样做了，单于不但不会杀他反而要奖赏他。然而浑邪王却没有这样做，他被敢于孤身犯险不惧生死的霍去病的气势镇住了。结果，匈奴降部的哗变很快就平息了。河西受降顺利结束，汉王朝的版图上从此多了武威、酒泉、敦煌四郡，河西走廊也正式并入汉王朝。这是汉朝历史上第一次面对外虏的受降，不但让饱受匈奴侵扰之苦百年的汉朝人扬眉吐气，而且从此使汉朝人有了身为强者的信心。

公元前119年，汉武帝为了彻底消灭匈奴主力，发起了"漠北大战"。这时的霍去病已经毫无争议地成为汉军的勇将，汉武帝很信任霍去病的能力，在策划这场战争时，安排霍去病打单于。后来，因为情报出错了，卫青遭遇了匈奴单于，霍去病碰上了左贤王部。但是，这场大战成为霍去病的巅峰之作。霍去病在深入漠北寻找匈奴主力的过程中，率部奔袭两千多里，歼敌七万多人，俘虏匈奴王、将军、都尉多人。

霍去病渴望碰上匈奴单于的主力，于是一路追杀，追到了今天蒙古国的肯特山一带。在这里，霍去病暂作停顿，率大军进行了祭天地的典礼——在狼居胥山祭天，在姑衍山祭地。然后，霍去病继续率军深入追击匈奴，一直打到瀚海（今俄罗斯贝加尔湖）。从长安出发，一直奔袭至贝加尔湖，使"匈奴远遁，漠南无王庭"。这一年，霍去病年仅二十二岁。在完成了这样的不世功勋之后，霍去病被汉武帝封为大司马骠骑将军。

当初，霍仲孺不愿认霍去病为儿子，卫少儿也从来不曾告诉过他自己的身世。当霍去病立下不世功勋成为骠骑将军之后，终于知道了前因后果。于是，霍去病来到平阳（今山西临汾），向当年抛弃了自己的父亲霍仲孺下跪道："我早先不知道自己是大人之子，没有尽孝。"霍仲孺愧不敢应，回答说："老臣得托将军，此天力也。"随后，霍去病为从未尽过一天父亲之责的霍仲孺置办田宅，并将后母之子霍光栽培成材。

少年将军霍去病并不是完人，他曾经射杀李敢，也曾经御下严峻。然而再严峻，他仍然是军神，所有的士兵都向往成为他的部下，跟随他杀敌立功。他一生四次领兵正式出击匈奴都以大胜回师，杀敌十一万，降敌四万，开疆拓土，战功比舅舅卫青还要显赫。汉武帝曾经为霍去病修建过一座豪华的府第，霍去病却拒绝收下，说："匈奴未灭，何以家为？"这短短的八个字，因为出自霍去病之口而言之有物、震撼人心，刻在历朝历代保家卫国将士们的心里。

公元前117年，二十四岁的霍去病就病逝了。汉武帝对霍去病的死非常悲伤，特地调来铁甲军，列成阵，沿长安一直排到茂陵霍去病墓，还下令将霍去病的坟墓修成祁连山的模样，彰显他力克匈奴的奇功。霍去病的墓至今仍然矗立在茂陵旁边，墓前"马踏匈奴"的石像象征着他为国家立下的不朽功勋。

李存勖报父仇建功立业

自从黄巢起义以来，唐王朝就开始陷入了土崩瓦解的局面。唐朝的藩镇割据势力本来就各有异心，一些人趁乱开始称帝称王。其中，势力最大的要数黄巢叛将朱温和沙陀贵族李克用。朱温把唐朝皇帝控制在自己手里，挟天子以令诸侯。后来，他干脆杀掉了唐朝皇帝，自立皇帝，他就是后梁太祖。从此，中国进入了五代十国时期。李克用是依靠镇压黄巢起义起家的，他本是沙陀人，后来被唐懿宗赐姓为李。李克用虽然和朱温共同镇压了黄巢起义，但是在后来的势力争夺中成了水火不容之势。

朱温建立了后梁，李克用却不肯称帝，仍然作唐朝的晋王，他还找到了救驾灭贼的借口，起兵征讨朱温。李克用不但善于作战，而且在拉拢人心上也有一套，他却比朱温差了一点。李克用曾经帮助刘仁恭夺得幽州，但是刘仁恭却在他和朱温大战时，坐山观虎斗，后来又投靠朱温。李克用曾和契丹首领耶律阿保机约为兄弟，共同攻梁，可耶律阿保机看到后梁势大，于是就放弃攻梁了。这样，李克用在和朱温的苦战里就不免处在了下风。他也为此日夜忧虑，后来竟然一病不起。

李克用在弥留之际把儿子李存勖叫到床前，取出三支箭对他说："朱温是我的世仇，燕王刘仁恭是我帮助他夺回的地盘，契丹曾和我约为兄弟，他们却都背叛了我，投奔朱温去了。如果不能出这口气，我死不瞑目。"李存勖含泪接过三支箭，对父亲说："孩儿一定不负父亲重托。"李克用又叫来将领们，托孤给他们，他说："我的儿子志向远大，必定能成就我的事业，你们一定要好好辅佐他。"李克用说完这些话就去世了。二十三岁的李存勖承袭了晋王的王位。

李克用对儿子的信任和希望并非凭空而来的。李存勖十一岁的时候，就开始随父亲出征作战，后来又随父亲前往长安，觐见唐昭宗。唐昭宗十分欣赏李存勖，认为他是栋梁之材，他对李克用说："这个孩子将来肯定会胜过你这个父亲。"李存勖也因此而得到了"亚子"的名字。后来，李存勖在军事上的才能也远胜于其父，他像父亲一样骁勇善战，却在谋略上更胜一筹。

李克用手下的部将都追随他很多年了，所以他对他们比较纵容姑息，经常赏赐却很少惩罚，导致这些骄兵悍将时时扰民，李存勖就曾劝父亲要注意整顿军纪。燕王刘仁恭靠李克用的力量才夺得了幽州，李克用向他借兵时，他却不理睬。后来，燕王刘仁恭被朱温围困，又硬着头皮向李克用求援。李克用恨他忘恩负义，打算不管，李存勖劝父亲："现在，朱温的势力很大，天下能和他抗衡的势力，也就是我们和幽州了，如果让他攻下幽州，我们就更加孤立，我们要成大事就不应该计较小恩怨。"于是李克用听了他的话，解了幽州之围，从而阻止了朱温势力的发展。

后来，李克用在和朱温的作战中多次失利，内心十分不安。李存勖来劝解父亲："朱温妄图凭借武力来攻克四邻，然后篡夺帝位，这等于自取灭亡。物极则反，他现在已经走到了极点，我们不应该灰心丧气，而应积蓄力量，等他衰落的时候再进军。"李克用死后，李存勖决心消灭仇人，把父亲留给他的三支箭供奉在家庙里。李存勖每次出征的时候，就先派人到家庙里，取出三支箭，放在一个精致的丝袋里，带着上阵去。他打完仗之后，再把箭送回家庙。

李克用去世之前，曾嘱咐弟弟李克宁辅佐李存勖，但是李克宁却怀有异心。于是，李存勖在母亲和老臣张承业的支持下，迅速地平定了李克宁的叛乱。五代十国时期，收养义子的风气盛行一时，很多割据势力的首领都喜欢把手下的猛将收为义子，李克用也收了不少义子，比如赫赫有名的"十三太保"。当时，有大臣劝李存勖，为了防止这些人造反，不如先把他们杀掉。李存勖却不同意，他每次作战都身先士卒，用自己的勇敢让那些人对他口服心服。

李克用去世时，晋军和梁军正在潞州交战。有大臣认为在居丧期间不宜出兵，但李存勖却说："此时，敌人肯定以为我年轻，没有经验，我们正在居丧，一定不会出兵。我们正好出其不意，偷袭敌营，一定会取得成功。"果然不出他所料，梁军毫无防备，被李克用带兵杀得狼狈逃窜。朱温得知此事后，不禁惊叹道："生子当如李亚子呀，我的儿子们不过是一群猪狗。"

李存勖取得潞州之战的胜利后，率军回到晋阳了，然后他开始着手整军，把原来散漫的军队变成了一支劲旅。后来，李存勖和朱温开始争夺黄河以北的地区，他在柏乡大败梁军。自此，晋王的赫赫威名使得梁军心惊胆战。后来，梁军甚至一听到晋军来了，就纷纷奔逃。朱温所率领的军队还没有遇到晋军的主力，就被打得大败。朱温愤怒不已，竟一病不起，后来被他的儿子朱友圭杀死了。

此时，燕王刘仁恭在幽州已经被他的儿子刘守光囚禁。刘守光妄自尊大，想当北方割据势力的盟主，后来还登基称帝。李存勖使用骄兵之计，尊刘守光为"尚父"。后来，他乘刘守光南下之际，派兵攻占了幽州，擒获了刘仁恭父子，并把他们献于祖庙。李存勖先处死刘守光，后又把刘仁恭押往代州，在李克用墓前献祭。李存勖完成了父亲第一支箭的愿望。

后来，李存勖开始了灭梁的战争，在黄河边和梁军展开了拉锯战。晋军虽然取得了胜利，但是在兵力上也受到了不小的损失。李存勖为了积蓄力量，用两年的时间休养生息，后来双方形成了对峙的局面。这时，河北发生了叛乱，叛军联合了后梁和契丹，准备一起合击晋军。李存勖回师亲征，击败了契丹军队，把阿保机赶到北边去了。稳固了后方之后，李存勖又立即挥师南下。

正如朱温慨叹的那样，他的儿子真是一群猪狗。朱友圭弑父夺位之后，他的兄弟都不服气，特别是嫡子朱友贞更是打出了"讨伐逆贼"的旗号，兴师问罪。后来，朱友贞杀死朱友圭夺得了皇位，但朱友贞却十分无能，纵容官吏横行霸道；不会选人用人，选才用将不以才德与战功为标准，而以亲疏为标准；将帅出征也要派近臣监视，主帅无法自己调兵遣将，在战略上也屡屡出错，这些综合的因素导致后梁的国势日渐衰微。李存勖则整顿军纪、收揽民心、巩固后方，他还善于用人，不论是勇猛善战的大将还是文臣都是如此，在具体的战略战术上总能做出正确的决定。两相对照，后梁的败亡已成定局。

公元923年农历四月，李存勖在魏州称帝，建国号为大唐，史称后唐。李存勖即后唐庄宗，定年号为同光，建都太原，以魏州为东京，建立兴唐府，以镇州为真定府，建北都。农历十月，晋军攻入汴州，梁末帝朱友贞自杀，后梁灭亡。这个时候，李存勖完成了父亲的三支箭的誓愿。李存勖在灭梁后，又派兵夺取了关中与四川。后唐的疆土在五代十国中位于首位，国势也十分强大。

少年英雄夏完淳从容赴义

公元1631年，夏完淳出生于松江府华亭县。夏完淳出生后，全家上下都十分高兴，亲朋好友也纷纷前来贺喜，祝贺夏允彝喜得贵子。这时的大明王朝离灭亡只有十三年了，处在内忧外患之中。夏完淳长大了，夏允彝就教他四书五经、天下诗文，而且在讲授诗文的同时，还给他讲一些爱国英雄的故事。

夏完淳是夏允彝的偏房陆氏所生，但在等级森严的封建时代，妻子的地位是很高的，偏房的地位比较低。夏完淳虽为陆氏亲生，但按规矩要归于盛氏的名下，必须叫盛氏为母亲，只能称陆氏为"娘"。这种不合理的做法，对夏完淳的心灵造成了一定的伤害，好在盛氏为人大度，性格温和，对陆氏与夏完淳的亲近非常理解，从不加干涉。盛氏精通文墨，每天悉心教授夏完淳诗文和礼仪，使夏完淳深为感动，并且终生像对待生母那样敬重热爱这位嫡母。

夏完淳的伯父夏之旭，当年与夏允彝以文才而著名，他对夏完淳也产生了很大的影响。据说，夏完淳十二岁时已在当地很有名声，聪明外露，父亲夏允彝常常让他在宾朋满座时出来作陪，夏完淳在席间经常大谈军事策略及边防情况。伯父夏之旭怕夏完淳过于得意，常常制止他说："有客人在座，你不要这样张狂！"伯父的严厉也使得夏完淳逐渐养成谦虚沉静的性格。

第六章　少帅老将篇

夏完淳有良好的家风、卓越的亲朋影响，他还幸运地遇到了一些良师。在这些良师中，陈子龙对夏完淳的影响最大。陈子龙，字卧子，也是松江华亭人，他比夏允彝小十二岁，夏允彝非常器重他的才华，常常不遗余力地帮助他，因此两人成了忘年之交。二人志同道合，是几社的组织者与创始人，人称陈夏。陈子龙有丰富的学识，并且志向高远，还善于运筹帷幄，是难得的人才。

陈子龙和夏允彝在文学上有共同的主张，他们继承明代前后七子传统，诗宗法汉魏六朝盛唐，以求振兴国运。陈子龙的才气在当地及江南都很有名，他不读死书，重视时务，这在明朝末年是很难得的。陈子龙对宦官专政十分痛恨，对人民的疾苦十分同情，这些都深深影响了他的学生夏完淳，夏完淳的文学成就也受了他很大的影响。

崇祯十年，夏允彝与陈子龙一同应试，两人都中了进士，并上京接受了皇帝的亲试，名列三甲。消息传来，夏家上下一片欢腾。夏允彝在家乡没呆多久，就起程赴福建长乐县上任了。夏允彝认为自己不能丢弃对夏完淳的教育，于是决定带儿子一起去福建，让他接触一下社会，增加些阅历。家里的老母、夫人虽然都有些舍不得夏完淳，但为了他的未来前途着想，也就忍痛同意了。毕竟让夏完淳跟在父亲身边，开开眼界是最好的出路。夏完淳含泪拜别了白发苍苍的奶奶、嫡母、生母，然后跟随父亲一起南下福建。

时光飞逝，夏允彝在长乐县任职了五年，在他的治理下，这里发生了翻天覆地的变化，家家夜不闭户，生活安定，丰衣足食。夏允彝也成了远近有名的"夏青天"，并因此闻名天下，夏完淳也已长成了少年。他来到长乐之后，经常随同父亲体察民情、受理案情，不再局限于自己的小天地中，开阔了眼界，对社会的底层有了深刻的了解。他也明确了身上的责任，并发誓将来要成为像父亲一样的人！

崇祯十五年，吏部尚书郑三俊向皇上推举了七个廉洁奉公、才干超群的知县，夏允彝名列榜首。正在为国运衰亡而焦头烂额的崇祯皇帝闻讯大喜，亲自用御笔把这七人的名字写在身后的屏风上，以示对他们的嘉奖，同时还召见了这七个人。崇祯皇帝很欣赏夏允彝的沉稳神情和才干，文武百官对他也大加赞赏，大臣方岳等人极力向皇帝推荐夏允彝，崇祯皇帝也决定破格对夏允彝实行提拔，委以大任。

夏允彝即将受命于危难之际，更好地发挥几十年来蕴积的才能，最大程度地实现报国的理想。可就在这时，噩耗传来，夏允彝的母亲、夏完淳的祖母顾氏因病去世。夏允彝父子悲痛欲绝，匆匆奔回家乡松江料理后事。夏允彝处在丁忧之中，崇祯皇帝委他以大任的念头只好暂时放下。不久，李自成率领的农民起义军逼近京城，明朝江山即将土崩瓦解，崇祯皇帝也无心再管此事，而把全部精力都投入到了抵抗李自成大军上。

夏完淳陪伴着悲痛的父亲在家乡守孝。此时，农民领袖李自成率领的起义大军像一股强烈的劲风吹到了北京，势如破竹般地冲破了一切抵抗，浩浩荡荡地进入了明朝的首都北京。崇祯皇帝在煤山吊死，明王朝灭亡了。至此，夏完淳一帆风顺、平静美满的少年时代结束了，悲壮的、血雨腥风的日子随之而来。

对于在家服母丧，曾被崇祯皇帝赏识并破格提拔的夏允彝来说，明朝的灭亡、皇帝的自杀都给了他极大的打击。后来，夏允彝拜谒史可法，商议恢复明朝的大计。但是，南明政权很快就消亡了，夏允彝的才华也没有地方发挥，他只能在林野乡间想法子有所作为。

当时，清朝在江南的统治还不稳固，各地反清复明的起义军不断涌现，明朝残余军事力量散落其间。于是，夏允彝暗中写信给自己从前的学生、明朝江南副总兵吴志葵，商量准备攻取苏州，然后收复杭州，再进兵南京，为明朝留下江南半壁河山。夏完淳匆匆完婚后，就马上和父亲一道

177

加入军旅中。但是，吴志葵没有大志，缺乏长远的谋略，军将也多有二心。结果，苏州城不仅未被攻下，这些人还大败，四处溃逃。

夏允彝见到复明无果，反而变得愈加平静，他决定自杀殉国。这个时候，有人劝他可以趁乱去福建，招纳兵马，再图恢复。夏允彝考虑再三，没有同意，怕举事失败。松江的清军主将早就听说过夏允彝的大名，表示只要他出山，一定给他大官作，并且表示，即使夏先生不愿为官，出来见一面也行。夏允彝却内心坚定，表明自己不会事二朝。夏允彝给好友陈子龙等人写信交代后事，然后平静地与家人道别，并特意把未完成的文集《幸存录》交到独子夏完淳手中，叮嘱他一定要精忠报国，替自己完成恢复明朝的大愿，然后投松江塘自杀。夏允彝自杀的松江塘，水很浅，只到夏允彝腰身以上，于是他就埋头在水里，最终呛死。父亲的自杀，更加坚定了夏完淳以死报国之心。

陈子龙与夏允彝是同年的进士，陈子龙本来想与夏允彝一起死，但是夏允彝把妻儿托付给他，他本人还有九十岁的老祖母需要赡养，所以他没有去死，而是剃发为僧隐居在乡间。悲恸欲绝的夏完淳上书明朝的鲁王，要求赠予自己的父亲谥号。鲁王爱惜夏完淳如此年轻却对大明十分忠心，赠夏允彝"右春坊右中允"，谥号"文忠"，授夏完淳为中书舍人。鲁王做的这些，极大地鼓舞了身在江南的夏完淳抗清复明的斗志。不久，夏完淳听闻太湖一带活跃着吴易领导的"白头军"（义军兵士皆头缠白布，为明朝戴孝），夏完淳喜出望外，连忙与老师陈子龙一起携家中所有金银奔赴军中，并充任吴易的参军。

吴易，吴江人，明末进士，曾为复社的活跃分子，能诗善文，又喜读兵书。北京被李自成攻陷的时候，他在京城正作为候补官员等待职务，幸亏知一禅师相助，有幸从东便门逃出。后来，吴易由史可法推荐，在福王政权中有了一个"职方主事"的官职。吴易离开扬州外出筹集粮饷时，扬州被清军攻陷，清军还很快占领了吴易的老家吴江。县丞朱国佐投降清军，并斩杀了痛骂他卖国的学生，吴易闻听后大怒，率数人突入县衙活捉朱国佐，在吴鉴灵前杀掉了他，然后宣布反清复明。

吴易举兵之初，白头军发展迅速，不少昔日当地的水贼山匪都纷纷加入他们。白头军首战，就在辽阔的太湖水面上给予清军沉重的打击。白头军打得最漂亮的一仗是"分湖大捷"，杀死三千多名清军，斩清中下级军官二十多名，获战船五百余艘。白头军之所以能取得胜利，主要原因是当时清军没有有效组织起过硬的水军，不善于水战，故而大败。

吴易连胜的消息传出，南明的隆武政权和鲁王朝廷均派人携带诏书而来，对吴易加官晋爵，把他视为中兴大将。吴易也开始飘飘然，他与白头军将领开始轻敌。许多水贼山匪出身的将卒，开始本性毕露，四处剽掠，而清军却在加紧准备作战。在海盐一战，白头军被清军打败，夏完淳也因军队溃散，与吴易等人走散。至于陈子龙，他在海盐之战前已经看出吴易的白头军是乌合之众，他们难成大事，便以筹饷为名离开了白头军，想找机会另行发展。吴易军败后，他们的父亲、妻子、女儿均投湖自杀，以免被清军俘虏受辱。吴易则逃入湖中，仍旧坚持抗清斗争。

1646年夏，吴易听人传说清朝任命的嘉善知县刘肃之想复明，便派人与之联络。谁知道，这个刘肃之是铁了心的要跟随清朝，他之所以散布自己想复明，无非是想诱执吴易。吴易亲自派人上门，刘肃之立刻派人持信来复，邀请吴易来县衙赴宴一起商议。吴易也没有过多怀疑，只带随从数人来会。结果，刘肃之早就通知大批清兵暗地埋伏，待吴易一入门，立即逮捕了他。很快，吴易被送往杭州处死。

夏完淳得知吴易在杭州处死了，立即戴孝前往吴江，为吴易起衣冠冢，与友人一起凭吊，赋《吴江野哭》《鱼服》二首诗歌，祭奠吴易，表达了复仇雪恨的决心。1647年春，夏完淳得悉清朝任命的苏松提督吴胜兆要反清的消息，内心萌发了巨大的希望，急忙为吴胜兆与浙东义师牵线搭桥，积极准备待事发时，亲自参加战斗，做绝死之战。吴胜兆因为不谨慎，手下将领抢先一步把他的计划上告清政府。吴胜兆还没有起事，就已经被擒了。

屋漏偏遭连夜雨。浙东方义师水军刚离岸，突然刮起飓风，大部分人被淹呛而死，溃不成军。清廷对吴胜兆一案十分重视，四处抓人，陈子龙等人遭到逮捕。陈子龙在被押解至南京的途中，做出了与其挚友夏允彝一样的人生选择：跳水自杀殉国。父亲和老师，这两位忠烈楷模，使夏完淳更加坚定了斗志。夏完淳也在清政府通缉名单中，他一度匿藏于其岳父在嘉善的家中。1647年农历七月，他决定渡海加入鲁王政权军队。

夏完淳和父亲一样，是一个很孝顺的人，他在临行前回乡间老家探望嫡母和生母，准备与二老告别之后再出发。清廷早已经布下颇多眼线，夏完淳一回家即为人侦知，清廷立即派人马逮捕了他。由于夏完淳是朝廷重犯，被立刻押赴南京受讯。夏完淳在南京受押的八十天，是他人生旅途的最后八十天。其间，他不仅智斗大汉奸洪承畴，巧妙羞辱了这位清廷鹰犬，还写了多篇诗词，表达了他的爱国之情。夏完淳在被羁押之初，作了《采桑子》一词，从内心深处抒发了他的亡国之愁。

清廷主持江南招抚事物的是洪承畴，他听说夏完淳与其岳父被抓了，很是得意，便想亲自劝降这翁婿二人，此举不仅能为皇帝招纳人才，而且还能给自己脸上贴金。洪承畴高坐在南京大堂上，喝问下面被提审的夏完淳："小子，你有什么大见识，岂能称兵犯逆。想必是被别人蒙骗了，所以误入军中。如归顺大清，保证给你大官做。"

夏完淳听了洪承畴的话，不为所动，反问他："你是什么人？"一旁的衙役叱喝："这是洪大人！"夏完淳佯作不知，厉声说道："堂上的人一定是假冒的。本朝洪亨九先生，乃是人杰，他在嵩山、杏山与北虏（清军）勇战，血溅章渠，崇祯帝听闻震悼，亲自作诗褒念。我正是仰慕洪亨九先生的忠烈，才效仿先烈英举，欲杀身殉国。"

洪承畴听了之后，一脸窘迫，他厉声叱喝夏完淳："上面审你的正是洪经略！"夏完淳朗声大笑，然后说："你不要骗我了！洪亨九先生死于大明国事已久，天子曾临祠亲祭，泪洒龙颜，群臣呜咽。你们这些逆贼竟然敢托忠烈先生大名，穿虏服虏帽冒充堂堂洪先生，真是猪狗不如！"

洪承畴顿时汗下如雨，气得嘴唇哆嗦，夏完淳字字戳到他心里的痛处，使他如万箭穿心般难堪、难受。这个时候，夏完淳岳父因久受严刑，无法支撑，忽然倒在他的一旁，匍匐不起。夏完淳见状，忙上前扶起岳丈，大声叫道："岳父大人，您当初与陈子龙先生及我三人同时歃血为盟，决心在江南举义抗敌。今天，我们两个人能一同身死，可以慷慨地在地下与陈子龙先生相会，这个真是大丈夫平生之豪事，你不要如此气沮！"岳父听了女婿如此说，咬牙挺起身子。

洪承畴沉默了很久，只得挥挥手，令士卒把二人押回牢狱。然后，洪承畴上报清廷，判处夏完淳和他的岳父二人死刑。夏完淳在狱中深知自己来日无多，写下了流传千古的《狱中上母书》，派人转送老家的嫡母盛氏与生母陆氏。

1647年农历九月，清朝实施秋决，夏完淳等三十多名抗清义士在南京西市慷慨就义。手提鬼头大刀、凶神恶煞般的刽子手，面对自己面前昂然站立的夏完淳，那双手也不由自主地发颤发抖，最终只能闭眼咬牙砍向夏完淳的头。

夏完淳的妻子秦篆受到父死夫亡的重大打击，身体非常衰弱，后来生下一个男孩，但是因为身体太过虚弱，很快便也夭折了。秦篆的哥哥钱默则看破红尘，出家为僧，不知所终。此后，夏完淳的妻子秦篆削发为尼，独守青灯古佛度过了余生。

天国少帅陈玉成气吞山岳

陈玉成，原名丕成，广西藤县人。他出身于贫农家庭，幼年时父母双亡，和叔父一起生活。1851年，十五岁的陈玉成随叔父陈承熔参加了金田起义，他参加了童子军，并且表现极为出色。他还苦练了一身好枪法，很快便当上了童子军的首领。后来，洪秀全嘉其忠勇，为他改名玉成。

1853年，太平天国定都天京后，陈玉成被提升为"左四军正典圣粮"，主管军粮。1854年农历六月，太平天国西征军进攻武昌，由于清军顽抗，久攻不下。陈玉成则舍死苦战，攻城陷阵，矫捷先登，亲率五百士兵缒城而上，以致官兵溃散。因为陈玉成在奇袭武昌的战斗中，勇敢杀敌，并且立下首功，被洪秀全提升为殿右三十检点（位在丞相以下），统领后十三军及水营前四军。因他枪法高强，在太平天国西征的战场上，陈玉成所向披靡，很快就被提升为冬宫下丞相。同年，陈玉成随燕王秦日纲去救援镇江，大批清兵分离抗拒，双方相持不下。陈玉成为解救镇江之围，冒险坐着一个小船，直冲到镇江，和守将吴如孝取得联系。陈玉成、吴如孝会同秦日纲内外夹击清军，清将吉尔杭阿大败，镇江之围遂解。

紧接着，太平军云集天京周围，乘胜攻克清军的江南大营。在石达开、秦日纲等各路大军的配合下，陈玉成率部参加了历时四昼夜的激烈战斗，清军统帅向荣败逃丹阳，自缢而死。清军江南大营被太平天国军摧垮了，这也解除了威胁天京长达三年之久的隐患，并使太平天国在军事上处于全盛时期。

1856年天京事变后，太平天国为了扭转危局，将士们进行了艰苦卓绝的斗争。洪秀全亲自总管国政，并且开始积极着手组建新的领导核心。1858年，太平天国恢复了五军主将制，陈玉成被任命为前军主将。1858年农历八月，陈玉成、李秀成约太平军各地守将在安徽枞阳召开军事大会，会上制订了粉碎江北大营和江南大营、制止清军进攻天京的作战方案。

会后，陈玉成率部由潜山过舒城，攻占庐州。农历九月的时候，大军已经直逼滁州乌衣。在这里，陈玉成部与李秀成部会师。然后，两人带领太平军奋力合击清江北大营统帅德兴阿和蒙古都统胜保，陈玉成为消灭清军主力胜保的骑兵，部署了一支伏兵刀牌手。后来，胜保的骑兵横冲直撞，刀牌手一跃而起冲入敌阵，用盾牌护身，用刀砍马腿，杀得敌人人仰马翻，胜保落荒而逃。紧接着，他们一举攻下浦口，歼敌一万余人，使德兴阿付出了惨重的代价。

浦口一役，太平天国摧毁了清军的江北大营，解除了清军截断天京供应的威胁，缓和了天京危机，使太平天国在天京事变和石达开出走后的被动局面开始扭转，军威得到了重振。随后，陈玉成、李秀成分兵横扫苏北，在战场上，各路清兵望风溃散。太平天国军在江北战场不断传出捷报，曾国藩带领湘军趁机在安徽境内发动大规模进攻。清将德兴阿、鲍超部进犯安庆，李续宾部接连攻占许多城镇之后，又带兵围困了重镇三河，形势十分紧张。

三河是庐州的咽喉，是天京粮食、物资的重要供应基地，太平天国派大军在这里固守。湘军不断进攻，守将吴定规坚守城池，紧急求援。陈玉成得知消息后，一面启奏天王调李秀成同去救援，一面率军星夜驰援三河。陈玉成采取迂回包抄的战术，率军先切断敌人的退路，命庐州守将吴如孝会合捻军张乐行部南下阻击敌人的援军。这个时候，李秀成也率部赶来，在白石山屯兵作为后援。

太平天国军集中优势兵力，把湘军四面包围。1858年农历十一月十五日，李续宾部准备先发制人，突然袭击陈玉成的营盘，冲过金牛镇压。陈玉成在李秀成的配合下，将李续宾围困营中。三河守将吴定规也从城中冲出，三路兵马协同作战，攻破清军大营，全歼清军六千多人，李续宾走投无路，自缢而死。此后，曾国藩的弟弟曾国华哀叹："自三河败后，元气大伤。虽多方抚慰，而较之昔日之锋锐，究为减色。"胡林翼也承认："三河败溃之后，元气尽伤，四年纠合之精锐，覆于一旦，而且敢战之才，明达足智之士，凋丧殆尽。"

浦口大捷、三河大捷对太平天国来说十分重要，它们鼓舞了士气，稳定了局势，太平军从此转为主动，出现了革命高涨的新局面。陈玉成、李秀成在战斗中表现出了卓越的军事才能，为太平天国做出了杰出的贡献，这也使他们成为太平天国后期重要的将领。

1859年夏，洪秀全封陈玉成为英王。1860年，太平天国采用"围魏救赵"的策略，发动了围歼江南大营的战役。李秀成从芜湖发兵，突然攻占敌人的重要城市杭州，以此引诱江南大营分兵来救。结果，江南大营统帅和春中计。李秀成马上回师与从上游赶来的陈玉成部猛烈合击江南大营，连破清军营垒五十余座，清兵全部溃散，和春则狼狈逃走。江南大营内的十多万两白银，不计其数枪炮、火药等都成了陈玉成的战利品。陈玉成击散江南大营，再次解除了天京之围。

1860年农历五月，洪秀全在天京召开高级将领会议，会议上批准了洪仁玕提出的战略计划。为了执行先东进、后西上的方针，陈玉成、李秀成率部迅速攻占了江浙的大部分地区，江南的清军几乎全部瓦解。然后，洪秀全开始第二次西征，他命陈玉成、李秀成分别率主力沿长江向西挺进。计划在1861年农历四月，陈玉成、李秀成在武汉会师。1860年农历九月，陈玉成率北路军自天京渡江北上。农历十一月进抵桐城西南桂东河，准备顺道解安庆之围，但是与清军交战后，被打败。

1861年农历三月，陈玉成攻克黄州。此时，清军的主力在安庆、太湖一带。这时候，英国参赞巴夏礼从汉口租界赶到黄州，求见陈玉成，恐吓他，说他攻取武汉会损害英国的商业利益，并且警告陈玉成必须远离武汉。巴夏礼还造谣说南路西征军尚未进入江西，假如陈玉成现在进兵汉口，势必将陷入孤军作战，遭到武昌守军和安徽援军的夹击。因为英国的出面阻挠，还有李秀成出师较晚、进兵迟缓的原因，导致会师误期，所以陈玉成率主力回援安庆，西征会师的计划最终落空。

安庆是天京的西大门，是西线太平天国军的基地，安庆的得失关系到天京的安危。曾国藩集中湘军主力围攻安庆，陈玉成屯兵在安庆外围据点集贤关，洪仁玕等也率军前来增援。当时双方的形势是犬牙交错，互相包围，层层作战。湘军依靠深沟高垒，围城打援；陈玉成等则在城内阵地防御，城外阵地攻坚，双方展开了一场激烈的大战。农历五月，陈玉成派主将刘玱琳率精兵屯集贤关外赤冈岭，以此牵制湘军。陈玉成率部去桐城，在这里与洪仁玕部会合，但是却在棋盘岭被清军打败。湘军趁机攻陷赤冈岭，刘玱琳苦战三十多天，牺牲了四千多精锐将士。农历九月五日，湘军炸塌安庆北门打城垣，突入城内，太平天国军将士奋力搏斗，全部壮烈牺牲。

安庆失陷后，陈玉成无奈之下退守庐州，并派扶王陈得才、遵王赖文光等远征豫陕，在那里广招兵马，好日后再收复安庆。陈玉成打算分兵北上，但是这时他的处境十分困难，洪秀全下令将他革职处分。

1862年农历五月，多隆阿围攻庐州，陈玉成决定弃城，然后向北逃走，同远征的西北军会合。正在此时，盘踞在寿州已暗投清军的苗沛霖

185

诱劝陈玉成前往寿州，并许诺可以帮助陈玉成攻取河南。陈玉成竟然信以为真，他不听部下的再三劝阻，决意要去寿州，结果中计遭擒，被送往清帅胜保营中。

陈玉成被俘之后，在清军面前表现出坚贞不屈、气吞山岳的英雄气概。他被押解到胜保大营，左右叫他跪下，陈玉成破口大骂："你这小人，你是一个误国的庸臣。我在天朝是开国元勋，三洗湖北，九下江南，你见到我就跑。在白云山，我率军踏两你二十五营，你全军覆灭，带十余匹马抱头逃窜。当时，我饶你一条性命。我凭什么向你跪，你配吗？"胜保想以荣华富贵来诱降，陈玉成则说："大丈夫死便死了，何必在这废话呢！"

1862年农历六月初四，陈玉成在河南延津被杀，时年二十五岁。

饭食斗米的老将廉颇

廉颇是战国时期赵国的大将，他以善战、勇武、稳健著称，他作战的特点是善于选择作战时机，不打无把握之战。

战国中期，七国争雄之战时有发生。七国中，实力最强的是秦国，秦昭王将统一天下作为国策，并且制定了远交近攻的战略，不断向外扩张。秦国在取得攻韩、伐魏的胜利后，兵锋直指赵国。赵国自赵武灵王实施胡服骑射的改革以来，军事实力逐渐增强，到了廉颇任大将时，赵国已成为抗击强秦的主力。

廉颇率赵军多次击退秦军的进攻，使秦军无法进入赵国境内，只在赵国的边境上有所获。这个时候，廉颇和丞相蔺相如十分团结，秦国只好暂时放弃攻赵。趁暂时无秦军进攻之机，廉颇率军攻打齐国，并大败齐军，夺取了阳晋（今山东郓城）、昔阳（今河北晋州）等地，扩展了赵国的势力范围。从此以后，廉颇声名远播，各国对廉颇和他率领的赵军都比较畏惧。

在阏与之战中，赵国名将赵奢大败秦军。秦国转而伐魏，廉颇率军救魏，再次大败秦军。秦国又转攻韩，并且很快攻占了韩国的野王（今河南沁阳），切断了韩国上党与本国的联系。韩国上党郡守冯亭为了联合赵国御秦，便对他身边的人说："秦兵每日都在攻城，韩国无法应付，我们不如将上党这些地方给了赵国。如果赵国接受了这些地方，秦国肯定不高兴，必然攻打赵国。赵国被秦国侵犯，肯定就会与韩国搞好关系。韩赵两国联为一体，就可以战胜秦国了。"遂后，冯亭将上党郡十七县全部献给赵国。

秦国本以为必然会得到上党，并以此作为攻赵的前进基地，结果赵国却坐收其利，于是就出兵攻上党。廉颇率重兵逼近上党郡，据守长平（今山西高平西北），长平之战就此展开。

廉颇征战经验十分丰富，他知道秦军远离本土，劳师远征，最怕战争拖延时间太长，他们更愿意速战速决，而秦国又比赵国强盛，绝不能莽撞行事，猛打硬拼。于是，廉颇筑垒为城，坚壁固防，以守为攻，故意拖延时间，待秦军疲惫意堕，再伺机出击。秦军面对廉颇的坚守，屡攻不克，进不能进，退不能退。

就这样，秦、赵两军在长平相持了三年之久。秦军没能挺进尺寸，一筹莫展，而此时的赵国国君赵孝成王却对廉颇的固守战术产生了质疑。秦国久攻不下，也开始用计，他们派人用重金收买赵国臣子，四处散布："廉颇坚持这么久，很快就要投降了，我们再也不用担心了！秦军最怕的是马服君赵奢之子赵括，他要是赵军主将，我们就要败了。"赵孝成王本来就对廉颇心存疑虑，此时又听到这些传言，于是执意让赵括取代廉颇。而赵括只会纸上谈兵，徒有虚名，没有战争经验，且为人急功近利，急于求成。结果，赵括刚一到任就酿成弥天大祸，赵军大败，四十余万士兵被秦军大将白起活埋了。

赵国在长平之战中惨败，实力锐减。秦军乘胜前进，围攻赵国都城邯郸。赵国上下对秦军残忍坑杀赵国四十多万人，恨入骨髓，他们同仇敌忾，顽强抵抗，邯郸才没有被攻破。后来，楚、魏等国出兵相救，秦军罢兵解围，赵国才化险为夷。

公元前251年，燕国国相栗腹出使赵国，为赵孝成王祝寿。他见赵国国力大衰，强劲之势已经不再，于是他回国后建议燕王出兵伐赵，他对燕王说："赵国的强壮男儿都死在了长平，他们的遗孤还没有长成，伐赵正是一个好机会！"燕国名将乐毅之子乐问坚决反对，他认为赵国人一向善战，很多将领久经沙场，并且老谋深算，虽一时战败了，并未伤及国之根本，如果攻打他们，可能会偷鸡不成蚀把米！但是，燕王不听，遂发兵进攻赵国。

燕国出动六十万大军，两千乘战车，兵分两路进攻赵国。燕国大军压境，形势十分严峻，赵国国君深知廉颇的才能，于是毫不犹豫地重新起用廉颇为将，命其率军八万迎击燕军。此时，廉颇已经老了，但是雄风犹在。他面对数倍于己的强敌，镇定自若，并鼓励赵国将士为保卫国土、家园奋勇杀敌。廉颇仔细分析了战场的形势，他认为燕军虽众，但兵分两路，每路已势减一半，于是他决定采取各个击破，先破其中一路，然后再收拾其另一路。

随后，廉颇率赵军先迎击燕相栗腹率领的燕军，打败燕军后，他马不卸鞍，人不解甲，挥师疾进，以迅雷不及掩耳之势再破另外一路燕军，并生擒主帅。两战皆胜之后，廉颇又率军直入燕境，继而围攻燕国都城蓟。燕王不听劝告，自取其辱，十分后悔，无奈之下愿割五城以求和。赵孝成王对廉颇真是爱信兼深，封其为信平君，并命其代理国相，掌管国事。

长平之战后，廉颇被赵括取而代之，随后又被免职，一时失势，当时门客都走了。这次，他被封为信平君，门客又纷纷踏上门来。廉颇十分生气，对他们喊道："都给我滚出去！"门客们却振振有词，说："您见识怎么这么浅呀！天下的事情就是这样：以市道交，君有势，我则从君，君无势，我则离去，这是从古到今的道理。您有什么可怨恨的？"

后来，赵孝成王死了，他的儿子继承王位，是为悼襄王。赵悼襄王惧怕廉颇，又担心他功劳大，自己难以驾驭，所以想用乐乘取代廉颇。廉颇得知这个消息后，怒不可遏，于是直接率兵攻乐乘。乐乘听到消息后，急忙逃窜。廉颇想："既然赵悼襄王不相信自己，准备弃用我，再加上我已经抗命拒旨，大王一定轻饶不了自己，还不如走为上策。"

随后，廉颇奔赴魏国。廉颇在魏国待了很久，但是魏王一直不信任他，他整天无所事事。这个时候，秦军不断地进攻赵国，赵国战事不断吃紧，赵王又想起了老将廉颇，希望他能回国继续领军，廉颇也日夜盼望有朝一日能回赵国再展雄风。赵王便派使者前往魏国探视廉颇，看他的身体状况如何，是否还可以披挂上阵。使者临行之前，一向妒忌廉颇的赵国宠臣郭开，用重金贿赂使者，让使者回来向赵王复命时，多说廉颇坏话，让赵王断了重新起用廉颇的念头。

使者到了魏国，拜会廉颇，他的须发皆白，可是身体却很强壮，精力旺盛，一餐吃了一斗米，十斤肉，然后披甲上马，纵横驰骋，展示自己骁勇如初，仍然可以带兵打仗。但是，使者已被郭开收买，他回到赵国后，给赵王说："廉将军虽然年纪大了，但是饭量还不小。只是，他与我相坐一会，便拉了三次屎！"赵王便认为廉颇确实老了，已不堪重用，放弃了召回廉颇。

楚国国君听说廉颇在魏国被闲置，于是便派人秘密将他接迎至楚国，并任命他为大将。但是，廉颇指挥赵国军队，十分得心应手，流畅无阻；可是让他指挥起楚军，他却显得生疏和不适应，因此始终战而无功。最终，廉颇因为失意而郁郁寡欢，最终客死在楚国的寿春。

一千年之后，宋代豪放派词人辛弃疾，满怀对廉颇的惋惜，高唱"廉颇老矣，尚能饭否？"尽抒难以抑制的壮志豪情。

沙场英雄李广至老难封

李广，陇西成纪（今甘肃通渭东）人，大约生于公元前181年前后。李广的先祖是秦将李信，由于他对匈奴作战表现英勇，被汉文帝选为侍从官。汉景帝即位后，任李广为陇西都尉，管理陇西到军事，不久迁他为骑郎将，管理护卫皇帝的骑兵。

公元前154年，吴楚七国叛乱，李广随周亚夫平乱。在昌邑一战，李广单骑冲阵，夺得敌人军旗，立下头功。此后，李广连任陇西、北地、雁门、代郡、云中等边郡太守，戍守边关数十载，为汉朝北部边疆的安宁立下了很大的功劳。

李广出身将门，自幼学习射箭，加上他身高臂长的优势，骑射技艺很高。李广有一个癖好，那就是与人以赌射箭取乐。先在地上画出许多宽窄不同的直线，然后人站在高处向线的行距内射箭，如果箭能直立在窄的行距中，就算获胜；如果射到宽的行距中，或射中窄行距中而箭未能立起来，这些都算输，输的人就要被罚饮酒。

李广善于骑射，历史上还流传着一个李广射石的故事。有一次，李广出外打猎，夜色中见莽莽草野中有个东西时隐时现，他以为是一只猛虎，于是弯弓搭箭，奋力射击。到了天明，他过去一看，原来是一块石头。但是，因为他射箭时很用力，箭头已深深地扎进石头里去了。后来，还有人写诗称赞："林暗草惊风，将军夜引弓。平明寻白羽，没在石棱中。"

李广虽然勇敢善战，但是他的仕途却并不顺利，汉文帝曾感慨地对他说："你真是生不逢时，如你生在高祖（刘邦）争天下的时代，何愁不做个万户侯呢？"李广一生都在北方抗击匈奴，他凭借机智勇敢和娴熟的骑射技术，经常主动出击，袭击匈奴，行动神速，作战英勇。匈奴人一听到李广的名字，就迅速逃避，轻易不敢同他交战。

　　一次，匈奴袭扰上郡，汉景帝派中贵人协同李广统兵抵御匈奴。一天，中贵人率数十名骑兵出营，与三个匈奴人遭遇。三个匈奴人搭箭猛射，射伤中贵人，他率领的数十名骑兵也被射杀。李广闻报后，判定这几个人肯定是匈奴射雕的猎户。于是，他迅速率百余骑兵前往追击。三个匈奴人见汉军来追，丢掉马匹落荒而逃。李广令汉骑追击，搭箭射敌，结果射死二人，生擒一人。李广一审问，他们果然是射雕人。

　　这个时候，李广一行又与匈奴几千人马遭遇了。匈奴军在山上列阵，威胁汉军。李广手下骑兵见状。十分害怕，都准备拨马逃走。李广急忙制止说："我们远离大营，如果惊慌溃逃，匈奴会立即追杀我们。如果我们镇静不动，匈奴就会以为我们是诱敌之兵，因此绝不敢攻击我们。"于是，李广率汉骑继续前进，在距匈奴两里的地方停下，他命令手下："全部下马解鞍！"有骑兵问："匈奴又多又近，如果来攻我们，怎么办？"李广说："匈奴人原以为我们会畏惧逃走，现在我们却解鞍下马，这样正是为了稳住敌人。"

　　李广一行人全部下马解鞍，匈奴见状，果然不敢动。一会儿，匈奴军中一个骑白马的将领冲下山，想解救那个被俘的匈奴人。李广带十余人上马拦击，射杀匈奴将领后，他们又折回原地，解鞍而卧。这样，李广和匈奴人相持到晚上，匈奴始终难辨汉军虚实，所以不敢下山作战。到了半夜，匈奴怕汉军伏兵袭击，遂撤兵离去。李广率百余汉骑脱离险境，返回营地。

李广善于近战，只要与敌人相遇，不到数十步之内决不滥发一箭，而且只要开弓，就必然箭无虚发。公元前120年，李广被任命为郎中令。汉武帝派他率骑兵四万人出右北平攻击匈奴；博望侯张骞率万余骑兵随后跟进。不料，张骞出塞之后，走错了路，致使李广孤军无援，被匈奴左贤王的骑兵团团围住。汉军士兵们惊恐不安，李广为了安定军心，派儿子李敢率领数十骑冒死去冲击匈奴军队，李敢回来报告说："匈奴兵很好对付"，这才使军心稳定下来。

随后，李广命令汉军列成圆阵进行防守。匈奴四面进攻，箭如雨下，汉军死亡过半，箭也将用尽。李广临危不惧，从容指挥，他命令士兵搭箭不发，自己却冲在最前面，用大黄连弩接连射匈奴裨将数名。匈奴连失多名裨将，军心开始动摇，随后稍撤围兵。到了晚上，汉军怕匈奴人夜袭，心里十分惶恐。李广镇定如初，一面抚慰兵士，一面整顿行阵，使军士大受鼓舞。第二天，李广率兵与匈奴死战，一直坚持到张骞的援军赶到，匈奴军见势不妙，遂撤走。李广大军终于摆脱困境。

公元前119年，汉武帝决心彻底消除匈奴的威胁，派卫青、霍去病等人率军深入漠北，伺机歼灭匈奴的主力。这个时候，李广虽已年逾花甲，但是依然雄心不改，请求出征。汉武帝见李广年事已高，没有同意，李广再三恳求，最终才勉强答应他一起出征。汉武帝任命李广为前将军，归卫青指挥。临行前，汉武帝嘱咐卫青："李广老了，运气也不好，不要让他单独行动"。

卫青大军分兵两路出发，他亲自率主力进攻正面的匈奴，李广与右将军赵食其出东路进行堵截，实行两面夹攻。东路不但迂回绕远，而且不能与匈奴的主力正面交锋，李广极不乐意，就向卫青力争说："我少时就开始与匈奴作战，直到今天才得到与匈奴单于对阵的机会，我愿意去打前锋，与单于一决生死"。卫青想到汉武帝的告诫，同时也想把与单于作战的机会留给其好友公孙敖，所以坚决不同意李广打前锋。

李广因为请战没有被批准你，心中很不满，但是又不能违抗军令，只好领兵东行。李广率军出发不久，就迷失了方向，没能与卫青预期合击单于，失了战机。战事结束后，卫青询问其原因，准备上报汉武帝时，李广十分羞愧，他说："我从年轻时就与匈奴作战，大小七十余次。这次有幸跟随大将军出战单于，而大将军却命我在东路绕道远行，结果迷失方向，难道这是天意吗？"遂拔剑自刎。一个一生戎马倥偬、威震敌胆的李广就这样死去了。汉军上下都为李广哀痛不已，很多百姓听到这个消息，也都流下了眼泪。

李广有三个儿子：李当户、李椒和李敢，都曾在朝廷任郎官。长子李当户和李椒在李广之前早了，他的小儿子李敢作战勇敢，与匈奴作战中曾勇夺匈奴左贤王的旗鼓，斩首众多，被封为关内侯，后来接替父亲为郎中令。李敢认为父亲的死是卫青造成的，对卫青恨之入骨。后来，李敢和卫青相遇，他将卫青痛打了一顿。卫青也觉得李广死得冤屈，所以对被打一事也没有声张。卫青的外甥骠骑将军霍去病得知了此事，他年轻气盛，不肯善罢甘休。一次，武将随汉武帝到甘泉宫进行射猎，霍去病在背后放冷箭，射死了李敢。当时霍去病正受汉武帝宠幸，汉武帝为了袒护霍去病，对外谎称李敢是被野鹿顶死的，下令厚葬了李敢，把这件事掩盖过去。

在李广的孙辈中，李陵是一个在历史上有争议的人。李陵长得颇有祖父的遗风，他个子高大，仪表堂堂，善于骑射，带兵打仗时也很爱护士卒。汉武帝认为李氏世代为将，就封他为骑都尉，让他带领五千精锐在酒泉、张掖一带练习骑射，同时防备匈奴。

公元前99年，贰师将军李广利奉命率三万骑兵去酒泉攻击匈奴右贤王部。汉武帝原本想让李陵给李广利押运辎重，可是李陵却不愿意，他要求以自己的五千步兵独当一面。汉武帝认为李陵勇气可嘉，便同意了他的请求。李陵率兵深入匈奴大本营，与匈奴十多万大军苦战十多天，重创敌军，但终因寡不敌众而全军覆没。李陵力战至最后，被迫向匈奴投降。

起初，李陵并不是真心向匈奴投降，而是想等待时机逃脱。但是，汉武帝得知李陵投降匈奴后，十分愤怒，他下令将李陵的母亲和妻子儿女满门抄斩。汉朝的文武大臣中，只有司马迁为李陵说了几句公道话，结果惹恼了汉武帝，将他处以宫刑。汉武帝残酷无情的做法，彻底堵死了李陵的后路，他只得死心塌地留在匈奴。匈奴右贤王知道李陵是李广的后人，又见他一表人才，武艺过人，为了笼络他，封他为有校王，并且赐姓拓跋，还把公主嫁给了他。

战功卓著、备受士卒爱戴的李广一生都在为国戍边奋战，他历经汉文帝、汉景帝、汉武帝三朝，与匈奴大小七十余战，骁勇善战，令敌胆寒。他治军宽缓不苛，与士卒同甘共苦，深受士兵的爱戴。然而，这位名将却一生坎坷，尽尝命运的不公。唐朝诗人高适曾写下这两句诗："君不见沙场征战苦，至今犹忆李将军"，表达了对西汉名将李广的怀念。

凤鸣山老将赵云展雄风

公元223年，刘备在白帝城病死，太子刘禅继承皇位，改元建兴。刘禅继位后，大赏众臣，大赦天下，蜀国到处张灯结彩，鸣炮庆贺。刘禅登基不久，边关告急，曹魏十万大军进犯阳平关。赵云亲统蜀军去镇守阳平关，一去就是几年。

三年后，雍闿煽动西南少数民族叛乱，赵云又跟随诸葛亮南征，深入不毛之地，七擒孟获，历尽千辛万苦，平定西南。人生如白驹过隙，赵云驰骋疆场，南征北战，须发皆白。赵云的儿子赵统、赵广已经长大成人，在赵云帐前听令。马童赵亮为报赵云养育之恩，一直跟随在赵云左右。

诸葛亮给刘禅上奏《出师表》，要北伐曹魏，平定中原。赵云则天天到校军场操演人马，准备出征。一天，赵云从校军场回来，诸葛亮已经在府中等候了。赵云赶紧施礼，然后对诸葛亮说："不知丞相驾到，让丞相久等了。"诸葛亮说："赵老将军终日操演人马，十分辛劳，不必多礼！"赵云说："丞相来我府上，不知有什么事情？"

诸葛亮对赵云说："老将军，我已奏明皇上，明日北伐。我想让老将军留守成都，不知意下如何？"赵云有些不高兴，他问诸葛亮："难道我老了，就不中用了？"诸葛亮说："老将军，自从先帝在白帝城驾崩，老将军与我共辅幼主，平定南中，立下了汗马功劳。可是，此次北伐曹魏，路途遥远且艰难，老将军年纪已高，镇守成都更为妥当。"

赵云却说："我虽上了年纪，尚有廉颇之勇，我比古人廉颇还小一些。廉颇都不服老，我为什么要服老？"诸葛亮长叹一声，说："近日，孟起（马超）在沔阳病故。"赵云也长叹一声："唉！孟起英雄一世，竟也病死！"诸葛亮说："老将军与孟起是我的左膀右臂，现在他病逝了，如折我一臂。五虎上将中四人已经过世，唯有老将军在我身边。老将军如果随军北伐，万一有什么闪失，岂不挫我蜀国锐气！"

诸葛亮不忍心让年事已高的赵云再去征战，因为五虎上将只剩下他一个了，他留守蜀国，别人就得惧怕三分。赵云明白诸葛亮的心思，也很感动，他说："丞相，我随先帝以来，临阵不退，遇敌则先，大丈夫当死在疆场！北伐曹魏、平定中原，这是先帝的遗愿，我也是托孤之臣，怎么能不去？我请令，愿为丞相的先锋！"

诸葛亮继续劝赵云："北伐讨魏，我也想让将军去。将军曾屡立汗马功劳，现在年事已高，不便再去拼杀，还是留下为好。"赵云说："丞相厚恩，老臣心中不安。老臣还是执意要随丞相北伐，以报先帝托孤之情！"诸葛亮非常了解赵云的脾气秉性，如果不让他去，他在成都也待不安稳，于是说："那好，有劳老将军了。你为前部先锋，邓芝为副先锋，给老将军助战，随我北伐。"赵云说："多谢丞相！"

第二天，诸葛亮传令："郭攸之、董允、费祎、向宠、陈震、蒋琬等留守成都，治理蜀中之事；先锋赵云，副先锋邓芝，前督部魏延，前军都督张翼，左军领兵使马岱，副将廖化，右军领兵使马忠，张嶷，中参军马谡，牙门将王平，领长使杨仪，帐前左护卫使关兴，右护卫使张苞等，随军北伐。"

诸葛亮亲统三十万大军出师北伐，后主刘禅领文武百官出城十里相送。老将赵云挺枪立马，排列在最前头。刘禅与丞相互道别后，又来到赵云马前。赵云翻身下马，刘禅赶紧扶住他说："此去路途遥远，望老将军保重！"赵云跪谢："谢万岁！"

诸葛亮率领三十万大军，浩浩荡荡直奔汉中。大军到汉中刚安下营寨，哨马来报："魏主曹睿派夏侯楙调集关中诸路人马前来。"诸葛亮刚一出兵，驻守关中的军校就得到了消息，然后飞马报到洛阳，魏主曹睿大惊，遂派驸马夏侯楙星夜赶到长安拒敌。夏侯楙是老将夏侯渊的儿子，夏侯渊被黄忠斩了，曹操可怜夏侯渊的后代，将清河公主嫁给了夏侯楙。

诸葛亮下令，让赵云带三万人马，到凤鸣山迎敌。赵云领命，和邓芝率三万人马到凤鸣山列阵。赵云一到凤鸣山，探报便报知夏侯楙。夏侯楙帐下的大将韩德哈哈大笑："赵子龙敢与我军对垒？哈哈哈！"夏侯楙问："韩将军为什么发笑？想当初赵云在长坂坡前，不惧百万大军……"韩德却说："那只是昔日的常胜将军，现在他已经老了，请都督给我一令，我要取赵云首级，让常胜将军败在我的手里！"

夏侯楙看了看韩德，就下令韩德将军出战，并且表示他若取了赵子龙的首级，就在魏主面前保举他。韩德回帐后，进行准备，他嘱咐四个儿子："别看我在都督面前那么说，明日上阵须小心，赵云可不是等闲之辈。"韩德有四个儿子：大儿子韩瑛，二儿子韩瑶，三儿子韩琼，四儿子韩琪，他们都一直跟随父亲征战。

第二天，两军摆好阵势准备交战。赵云先上前搦战，韩瑛兄弟四个立刻率领人马迎战赵云。他们到了阵前，韩瑛催马上阵，韩瑶、韩琼、韩琪给他接阵。韩瑛与赵云大战多个回合，赵云就摸着韩瑛的底，很快就一枪把韩瑛挑于马下。

接阵的三兄弟一看大哥死于赵云的枪下，他们一起催马过来战赵云。很快，三个人把赵云围起来了。哥仨铆足了力气，使出了浑身解数。结果，打了没多久，韩瑶被赵云一枪刺死，韩琼被赵云用箭射死，韩琪被赵云先活捉了，从马上扔到地上，结果给摔死了。

韩德在先锋营接到禀报，说四个儿子都战死了，他气得晕死过去，半天才缓过来。韩德急忙去见夏侯楙，跪在都督面前，放声大哭："都督，我四个儿子都完了，我有何面目再活在世上！"说完了，要拔剑自刎。夏侯楙见韩德要自刎，大叫："无能之辈！与其自刎，还不如到阵前杀死赵云，给你儿子报仇！"

第二天，夏侯楙亲自给韩德助战，双方在凤鸣山前摆开战场。韩德在马上看见赵云了，说："都督，我要上阵给我儿子报仇雪恨！"夏侯楙说："好，我给你擂鼓助阵！"随着战鼓一响，韩德催马冲到阵前，也不通报姓名，抢刀就劈，赵云举枪相还。双方大战多个回合，韩德心想："赵云好厉害呀！我能打得过他吗？打不过他，怎么为四个儿子报仇？"韩德胡思乱想之时，赵云一枪便把韩德掀在马下。

这个时候，夏侯楙催马来战赵云。夏侯楙用足了全身力气，力战赵云。邓芝见夏侯楙来战，恐赵云吃亏，于是把令旗举起来。邓芝在左，赵云在右，一路追杀，大败夏侯楙。

邓芝和赵云见夏侯楙大军败走，也收住人马。邓芝看着老将军赵云，打心里佩服这位老将军。赵云在马上仰天大笑："咱们赶紧去禀报丞相，一鼓作气，扫平大魏的先锋营，直取长安！"赵云得胜回营，诸葛亮已在营门外迎候。诸葛亮见赵云回来，亲自迎上去："老将军旗开得胜，连杀五将，大破魏兵，真是老当益壮！"赵云说："丞相过奖了，我是朝廷重臣，当舍命以报国家！"

诸葛亮将赵云接进大营，摆宴贺功。赵云旗开得胜，蜀国大军士气大震，诸葛亮立即调兵遣将，乘胜追击。蜀军兵强将勇，士气旺盛，势如破竹，很快就占领了天水，南安、安定三郡，远近州郡都望风而降。

第七章　残暴叛将篇

尸骨填壑的"屠人战神"白起

秦国，原来是地处西陲的一个小国。到了秦孝公时，他任用商鞅进行变法，秦国逐渐开始富强。之后，秦国不断向外发展势力，国力更加强盛。

到了秦昭王时，他任用深通韬略的白起为将。公元前294年，白起被任命为左庶长，领兵攻打韩国的新城（今河南伊川县西）。次年，白起由左庶长升迁为左更，出兵攻韩国和魏国，他采用避实击虚、各个击破的战法，在伊阙（今河南洛阳龙门）全歼韩魏联军，斩杀二十四万人，俘虏敌将公孙喜，攻陷五座城池。凯旋之后，白起因功被晋升为国尉。后来，他又率兵渡黄河，攻取韩国安邑以东到乾河的土地。

公元前292年，白起被秦王封为大良造，然后领兵攻陷魏国，占领魏国六十一个大小城池。一年后，他与客卿司马错联合攻下垣城。公元前286年，白起率兵攻打赵国，攻占光狼城（今山西高平西）。公元前278年，白起率军攻陷楚国的都城郢，楚王逃离都城，避难于陈。白起焚毁夷陵（今湖北宜昌），向东进兵至竟陵，秦国以郢都为南郡。白起因功受封为武安君。

公元前262年，秦军攻克韩国的野王（今河南沁阳），韩国上党通往都城的道路已被绝断。上党郡守冯亭与手下官员一起商议，他说："上党通往外界的道路已被秦军绝断，我们也无法支持多久。秦兵日渐逼近，韩国又不能救应，我们不如将上党归附赵国。如果赵国接受了，那么秦国一定会恨赵国，赵国因此一定亲近韩国。只有韩、赵两国联合，才可以抵御秦国。"冯亭派人到赵国去献城，赵孝成王找来平阳君、平原君商议此事，平阳君说："还是不接受吧，接受上党带来的祸患一定大于得到的好处。"平原君则认为："白白得来的土地，哪里有不要的道理，得到上党对我们有利。"赵国国君很快接受了上党，封冯亭为华阳君。

公元前260年，秦国派左庶长王龁攻韩，夺取上党。上党的百姓纷纷逃往赵国，赵国驻兵于长平（今山西高平），来镇抚上党到百姓。农历四月，王龁攻打赵国。赵国派廉颇为将率军抵抗。起初，赵军连续战败，后来廉颇根据敌强己弱、初战失利的形势，决定采取坚守营垒以待秦兵进攻的战略。秦军多次挑战，廉颇却不出兵，赵王为此多次责备廉颇。秦相范雎派人携千金向赵国权臣行贿，用离间计，赵王中计，派赵括替代廉颇为将，命他率兵击秦。

赵括上任之后，临战前大批撤换将领，更改部队的制度，使赵军战斗力下降。秦国见赵国中计了，暗中命白起为将军，王龁为副将。赵括虽然十分自大骄狂，但是还是很畏惧白起。白起分析了对手之后，决定采取后退诱敌、分割围歼的战法。白起命先头部队担任诱敌任务，在赵军进攻时佯败后撤。他主力安排在后面构筑袋形的阵地，然后以五千精兵作为机动部队，伺机切断赵军。

农历八月，急功近利的赵括在不明虚实的情况下，贸然进攻秦军。秦军一交战后，就假装败逃，赵军乘胜追至秦军的埋伏圈。白起立即下令两翼的秦兵出击，很快就将赵军截为三段。赵军首尾不能相顾，粮道被断，还被秦军的骑兵不断骚扰。赵军的战势危急，只得筑垒壁坚守，等待救兵。秦王听说赵国的粮道被切断，亲自督战，征发十五岁以上男丁从军，以阻绝赵国的援军。

农历九月，赵兵已断粮数天，士兵饥饿难耐，甚至出现相杀吃人的现象。赵括走投无路，重新集结部队，分为四队，轮番突围。但是，最终都失败了，赵括亲率精兵出战，被秦军射杀。赵国大军大败，四十万士兵投降白起。白起与手下商议赵国降兵时，说："之前，秦已攻陷上党，上党的百姓却不愿归附秦国，而宁愿归顺赵国。赵国的士兵恐怕也会反复无常，现在不把他们全部杀掉，恐怕日后会成为大害。"于是，白起下令把赵国降兵全部坑杀，只留下几百小兵回赵国报信。长平之战，秦军先后斩杀和俘获赵军共四十五万人，赵国因此元气大伤，一蹶不振。

公元前259年，秦军再次平定上党，兵军分二路：一路由王龁率领，进攻皮牢（今河北武安）；一路由司马梗率领，进攻太原；白起则率军围攻邯郸。韩国和赵国万分惊恐，派苏代用重金贿赂秦相应侯范雎，并且游说他："白起擒杀赵括，围攻邯郸，赵国如果灭亡了，秦王就可以称帝，白起也将封为三公。白起为秦攻克七十多城，南定鄢、郢、汉中，北擒赵括之军，虽周公、召公、姜尚之功也不能超过他。现在赵国要是灭亡了，那白起必定成为三公，您愿意居于白起之下吗？秦曾经攻韩、围邢丘，困上党，上党百姓皆奔赵国，天下人都不乐意成为秦国的百姓。如果现在灭掉赵国，秦的疆土北到燕国，东到齐国，南到韩魏，但是所得的百姓却没多少，还不如让韩、赵两国割地求和，不让白起得灭赵国的功劳！"范雎被说客的话打动了，他随后以秦兵疲惫急待休养为由，请求秦昭王允许韩、赵两国割地求和，秦昭王同意了。韩割垣雍，赵割六城求和，白起闻知此事，便与范雎结下仇怨。

公元前258年农历九月，秦国派五大夫王陵率兵攻打赵国的邯郸。这个时候，白起患病，不能走动。公元前257年正月，王陵久攻邯郸不下，秦王又增发重兵进行支援，结果依然没有成功。此时，白起已经痊愈，秦王欲派白起为将攻邯郸，白起却对秦王说："打邯郸是很不容易的，其他诸侯国来援救，援兵一日即到。诸侯怨恨秦国已久，我们虽然在长平一战取胜了，但是也伤亡者过半，国内空虚。我军长途跋涉去争别国的国都，如果赵国在内应战，诸侯在外支援，必定能破秦军。因此，我以为不可再发兵了。"此后，秦王亲自下命令，白起也拒绝，秦王又派范雎去请，白起始终拒绝，称病不起。

秦昭王无奈之下，只好改派王龁替王陵为大将，继续围攻邯郸，但是依然久攻不下。这个时候，楚国派春申君同魏公子信陵君率兵数十万攻秦军，秦军伤亡惨重。白起听到这个消息后，感慨："当初秦王不听我的良言，现在怎么样？"秦昭王听了白起的风凉话后大怒，强令白起出兵，白起依然自称病重不能领命，经范雎再次请求，他仍称病不起。于是，秦昭王免去白起的所有官职，降为士兵，迁居阴密（今甘肃灵台西）。由于白起生病，未能成行，他在咸阳住了三个月。这期间，诸侯不断向秦军发起进攻，秦军节节退却，告急者接踵而至。

秦昭王因此更加怨恨白起，于是令他不得留在咸阳，派人遣送他。白起离开咸阳，到了杜邮。秦昭王与范雎等群臣谋议，白起被贬迁出咸阳，心中怏怏不服，有怨言，不如处死。于是，秦昭王派使者拿了宝剑，追上白起，令他自裁。白起自裁时说："我有什么罪呀，至于落到这个地步？"片刻之后，白起又说："我也确实该死，长平之战，我坑杀了赵卒数十万人。"

白起是秦国的名将，指挥过许多重要战役。他在伊阙之战中，歼灭韩魏二十四万联军，彻底扫平秦军东进之路；他大破楚军，攻入郢都，迫使楚国迁都，楚国从此一蹶不振；他在长平一战中，一举歼灭赵军四十五万人，赵国从此一蹶不振。白起参与的大小七十余战中，没有败

206

绩，他也从最低级的武官一直升到武安君，让六国闻之胆寒。

但是，善始者未必善终。白起功高遭人嫉妒，最终死在了自己人的手里。俗话说："飞鸟尽，良弓藏，狡兔死，走狗烹。"白起如此，伍子胥、李牧皆是如此。

董卓行恶遭恶报

　　董卓出生于临洮的地方豪族。当时的临洮属于边远地区，与羌人的居住地相邻。董卓自小养尊处优，形成了放纵任性、粗野凶狠的性格。董卓不仅能识文字，而且还体魄健壮，力气过人，武艺过人。他能骑上骏马，左右开弓。

　　董卓年轻的时候，常常到羌人居住的地方游玩，他依仗丰厚的家产，广泛结交豪侠义士。一次，一个羌人土豪见董卓家的牛羊宰得所剩不多了，便从很远的地方赶来上千头牛，赠给董卓。董卓除了结交羌人，还凭着自己的财力、非凡的才武，不断在当地拉拢、兼并其他势力，不断巩固和扩大自己的力量。

　　董卓势力能在地方上不断地扩张，是有着深刻的历史背景和社会根源的。汉光武帝刘秀建立东汉政权以来，地方豪强地主的势力就不断扩张。董卓曾任州兵马掾一职，负责带兵巡守边塞，维护地方的治安。董卓通过控制更多的羌人，为他今后建立自己的势力奠定了基础。很快，董卓就成了陇西有名望的人。

　　从公元108年开始，羌人不断发动武装起义。此时的东汉朝廷已经积贫积弱，无力应对，只得求救于地方豪强的力量来解决羌人起义。此时，陇西的地方官向朝廷推荐董卓，很快朝廷就任命董卓征讨羌人，这也给他创造了一个发展势力、满足野心的机会。董卓自领兵征讨羌胡以来，因为战功十分显赫，多次受到东汉朝廷的封赏和重用，官职也不断升迁。后来，董卓击败了韩遂等人的进攻，他的势力就更加强大了，并且组建了一支以凉州人为主、兼杂胡人的军队。

公元189年农历四月，汉灵帝驾崩，刘辩继位。由于刘辩还十分年幼，不能自己处理朝政，暂时就由何太后临朝主政。宦官和外戚为了取得控制皇权的权力，双方采用一切手段，相互排挤，斗争十分激烈。董卓深知朝廷派系之争，他得知汉灵帝驾崩的消息后，心中大喜，密切注视朝廷各派动向。不久，董卓收到大将军何进的密令。何进是皇帝刘辩的舅舅，是外戚势力的代表。汉灵帝死后，他与司隶校尉袁绍共同计谋诛杀张让，但是遭到何太后的反对。于是，何进许诺给董卓很多好处，然后以圣旨的名义召他立即进京讨伐张让。可是，董卓还没来得及赶到洛阳，何进就在争斗中被张让杀了。后来，董卓得知京城已经一片火海了，他知道情况有变，四处打听皇帝的消息，后来得知他在北邙，董卓又急忙率兵前往。皇帝刘辩被蜂拥而至的大军吓得惊慌失措，董卓却大摇大摆地走上前参见皇帝，并且向他询问事变经过。皇帝刘辩结结巴巴、语无伦次，说不清楚，站在皇帝一旁的陈留王刘协主动向董卓讲述了整个事变的经过，条理很清楚。于是，董卓心里便有了罢黜刘辩、拥立刘协的念头。董卓把皇帝刘辩迎回皇宫，开始挟天子以令诸侯，把持政权。

董卓长期统兵打仗，他自己也深知要想让百官折服，完全控制朝廷，必须有强大的军事后盾。初到洛阳时，董卓手下的兵力不超过三千人，但是他为了震慑住洛阳的官员，制造出自己有很强的军事势力的假象：他每隔几天就命令手下的人马趁着夜色悄悄溜出洛阳，第二天早上再浩浩荡荡开进洛阳，一路上战鼓震天，旌旗招展，俨然千军万马源源不断。朝廷官员和所有洛阳的老百姓，都被董卓的假象迷惑了，被他有如此强大的实力所吓倒，不敢有丝毫越轨行为。

董卓明白假象只能暂时迷惑人，长久下去就会被人识破，于是在他稳住朝廷和百官后，便开始采取实际行动，以扩充兵力，收揽兵权。大将军何进被张让杀了后，他的部将吴匡十分痛恨何进的弟弟何苗，认为何苗故意不肯与何进合作，而且还怀疑他与张让相互勾结谋害了何进。何进对吴匡有知遇之恩，所以他发誓要杀死何苗，替何进报仇。吴匡对他手下的士兵说："车骑将军何苗勾结张让杀死了大将军，我们一定要替大将军报仇！"

后来，吴匡联合董卓的弟弟董敏一起杀了何苗，董卓因此得利，收编了何进、何苗的所有部队。董卓有了强大的军事后盾，便开始有恃无恐、为所欲为。一次在朝堂上，董卓竟然放肆地当着皇帝和百官的面说："少帝太愚昧懦弱了，不能敬奉宗庙，没有资格担任天下的君主。我为了大汉的江山着想，想效法伊尹放太甲、霍光废昌邑的故事，废掉少帝，改立陈留王刘协为天子！"百官大多慑于董卓的淫威，对他独断专行、随心所欲的行为敢怒不敢言，只有尚书卢植当面反对，他认为少帝只是年纪太小，还不能看出他的行为品性，所以根本就不能与太甲和昌邑王相提并论。董卓听了之后大怒，他没想到卢植竟然这么胆大，敢当众反对自己，于是立即命令士兵将他推出斩首。幸亏侍中蔡邕极力劝阻董卓，卢植才免于一死。

很快，董卓废掉了少帝，将他贬为弘农王，他拥立陈留王刘协为皇帝，即汉献帝。董卓废立皇帝之后，开始谋划对何太后下手。他认为何太后只要在朝廷一天，就会阻碍自己在朝廷上下的行动和威信。于是，董卓又在朝会的时候，向大臣们宣读太后所谓的罪行，说她逼迫婆母永乐皇太后（灵帝刘宏的母亲），以致皇太后忧虑而死，这种违背伦常、不讲孝顺礼节的做法，应当受到严厉惩处。之后，董卓责令何太后迁居永安宫。不久，董卓借故杀死废帝刘辩，毒死何太后。

董卓通过更换和处理中央政权最高阶层的人员，完全控制了整个东汉政府，皇帝的废立、朝臣的任免、重大政策的制定，都由他一个人来定。董卓拥立汉献帝之后，将自己的官职升迁为太尉，掌管全国军事和前将军事务。后来，他又自封郿侯，拜国相，跃居三公之首。董卓还利用手中的特权，大肆封赏董家的家庭成员，他封自己的母亲为池阳君，还僭越礼制给她配备家令和家臣，地位与皇家公主相当；董卓封弟弟董旻为左将军，封鄠侯；封自己年幼的孙女为渭阳君。

董卓为了更有效地控制汉献帝，不顾朝廷大臣的反对，胁迫汉献帝将都城从洛阳迁至长安。董卓还僭越礼制，无视皇威，在自己的封地修筑了与长安城墙规模相当的坞堡，并且明目张胆地命名为"万岁坞"，并立下规定：任何官员经过万岁坞时都必须下马，恭恭敬敬地行大礼。

董卓遍观朝廷上下，认为握有实权的袁绍和曹操，将来肯定会对自己不利，必须尽早除掉。在废立皇帝之前，董卓想拉拢袁绍来支持他，可是遭到袁绍的极力反对。一次，袁绍说："东西两汉恩德布满四海，万民拥戴，国泰民安。现在皇上年纪虽小，但并没有恶行传布天下。你如果要罢黜皇上，改立新帝，恐怕没有人支持你。"董卓听完之后，十分恼怒，持剑怒叱袁绍："我有意看重你，没想到你却不识抬举。我今天要是不杀了你，日后你肯定是祸害！"袁绍则手按剑柄，摆出要针锋相对的架势，董卓因此不敢轻举妄动。当天晚上，袁绍怕董卓害自己，于是骑上快马逃奔渤海郡避难。因为袁绍是世家，董卓也不敢追究。董卓进军驻扎洛阳时，曹操也在洛阳，而且手中握有一些兵权。此后，董卓不断扩充兵力、统收兵权，想通过利诱的方式吞并掉曹操的兵力。曹操一眼就识破了董卓的阴谋，拒绝与他合作，而且不辞而别，逃离洛阳。

卫尉张温曾任太尉，向来对董卓的飞扬跋扈极为不满，而董卓也十分憎恨张温，视他为眼中钉。董卓为了除掉张温，在朝中散布张温与袁术长期勾结的谣言，并且诬蔑他对抗朝廷。不久，董卓便以"莫须有"的罪名杀了张温。在董卓的威逼和陷害下，他在朝中的竞争对手和许多忠义之臣，不是被铲除消灭，就是被逼迫出逃。董卓的残暴行径与政治野心，导致了他对东汉政权和社会的巨大破坏。

董卓初次进兵洛阳时，见洛阳城中富足贵族府第很多，家家殷实，金帛财产丰厚，便放纵手下的士兵抢劫物资。这些士兵不光抢东西，还到处杀人放火，奸淫妇女，把整个洛阳城闹得鸡犬不宁，老百姓怨声载道。董卓控制朝廷之后，恶性更加膨胀，经常派遣手下的士兵四处劫掠，残暴百姓。公元190年农历二月，阳城的老百姓正在乡社集会，董卓手下的羌兵突然对他们实施抢劫。羌兵们杀死全部男子，还割下他们的头颅，并排绑在车辕上；他们还趁机掳走大批妇女和大量财物。羌兵回到洛阳后，将领把老百姓的头颅集中起来焚烧，而把妇女和财物赏赐给士兵。

一次，董卓邀请许多官员去赴宴，这些人都莫名其妙，不知董卓要做什么。宴会上，董卓兴致很高，不断招呼大家不要顾忌，畅怀痛饮。酒过三巡之后，董卓突然起身，神秘地说："我为了给大家助酒兴，为各位献上一个精彩的节目，请大家欣赏！"说完，击掌示意，然后狂笑不已。很快，整个宴席变成了肃杀的刑场。董卓的手下把诱降或俘虏的几百名北方反叛者押上来，先命令士兵剪掉他们的舌头，然后又让人砍掉他们中一些人的手脚，有的人则被挖掉了眼睛。所有在场官员吓得魂不附体，许多人手中的筷子都被吓得抖落在地。董卓却若无其事，仍然自在饮酒，脸上还流露出洋洋得意的神色。还有一次，董卓把俘虏来的数百名起义士兵，先用布条缠绑全身，然后头朝下吊起来，再浇上油并点火，活活将他们烧死。

董卓迁都长安时，为了防止官员和贵族逃回洛阳，于是将洛阳城二百里内的宫殿、宗庙、府库等大批建筑全部放火烧毁，繁华的都城很快就成了一片废墟。董卓为了攫取财富，先是派吕布洗劫皇家陵墓和公卿的坟冢，尽收珍宝；之后又大量毁坏通行的五铢钱，还下令将所有的铜人、铜钟和铜马打破，重新铸成小钱。粗制滥造的小钱，其重量比五铢钱轻，而且没有纹章，钱的边缘也没有轮廓，不耐磨损。小钱的流通导致了严重的通货膨胀，买一石谷就要花数万钱。这使得老百姓苦不堪言，生活陷于极度痛苦之中，而董卓却利用搜括来的钱财，整日寻欢作乐。

董卓把持朝政之后，国家制度朝令夕改，反复无常，严重阻碍了整个国家的正常运转。他颁布的刑罚制度特别混乱，对老百姓往往实施严刑酷法，而对亲信和一些家族则违法不究。

董卓的暴政终于激起了人民的愤怒与反抗。公元190年，袁绍联合冀州刺史韩馥、兖州刺史刘岱、豫州刺史孔伷、南阳太守张咨等十多人起兵反对董卓，从此，各地陆续开始掀起了大规模持续反抗董卓的斗争。不久，长沙太守孙坚率领军队征讨董卓，在梁地（今汝州梁县西南）被董卓部将徐荣打败，联合孙坚反董卓的颍州太守李旻被生擒。接着，河内太守王匡屯兵河阳津（今河南省孟州西），准备进攻董卓。不料，老谋深算的董卓早有觉察，于是他先派疑兵向王匡挑战，暗中却派精锐部队从小平津渡过黄河北上，绕道偷袭王匡。结果，王匡大败，几乎全军覆没。

公元191年，孙坚重新收拢流散的兵马，进驻梁县，再度讨伐董卓。董卓派胡轸、吕布迎击孙坚，但是胡轸和吕布两人不和，两人很难相处，还没交战，士兵就涣散逃走了。孙坚趁机出击，胡轸、吕布大败而逃。董卓见形势不妙，急忙派部将李催向孙坚求和。孙坚却置之不理，继续进攻到距洛阳只有九一里的大谷。董卓被迫，亲自率军出战，结果被孙坚击败，退驻渑池。孙坚乘胜追击，再次遇到吕布部，又大败吕布，然后出兵函谷关，分兵两路，直取新安和渑池。

此时，山东豪杰也纷纷起兵，共同声讨董卓。董卓被多方义军逼得无路可走，仓皇西撤到长安，以避锋芒。但是，董卓已成了众矢之的，征讨董卓的斗争并未因为他的西迁而减弱。在各地出兵声讨董卓的同时，朝中许多官员早已经对董卓深恶痛绝，想乘机除之而后快。越骑校尉伍孚十分痛恨董卓的倒行逆施，他曾发誓要亲手杀死董卓。一天，伍孚身藏佩刀，前去拜见董卓。两人交谈完了之后，伍孚便告辞离去。董卓起身相送，并用手轻轻拍着伍孚的后背，表现亲切和关怀。伍孚瞅准机会，猛地抽出佩刀向董卓刺去，由于过于急切，失手没刺中要害。董卓吃了一惊，慌忙中奋力反击，并喊来侍卫解围，这才脱离危险。伍孚在与侍卫斗争的过程中，由于寡不敌众，被乱剑刺死。

司徒王允先后与司隶校尉黄琬、尚书郑公业、执金吾士孙瑞等人多次商议诛杀董卓的事情。后来，他与尚书仆射士孙瑞与董卓的亲信吕布共同密谋诛杀董卓。初平三年春，王允与士孙瑞、杨瓒以登台拜神为名，秘密商量废除董卓的事宜。士孙瑞说："自去年年底以来，连绵阴雨已达六十多天，不见太阳，我们这些人应该让这种不利国家和老百姓的时期尽快结束。现在是个好时机，我们可趁天下起兵征讨董卓之际，采取措施，消灭罪魁祸首！"士孙瑞这番话的意思是提醒王允借天时地利人和之机除掉董卓。王允同意士孙瑞的意见，但是他考虑到董卓府上戒备森严，而且董卓又武力过人，如果不采取周密的措施，恐怕不易得手。最终，王允物色了董卓的亲信吕布为内应。

吕布是一个年轻勇猛、武力超群的猛将，起初董卓对他十分喜爱和信任，收他为义子，并提拔他担任骑都尉。后来，董卓又迁吕布为中郎将，封他为都亭侯。董卓知道自己的敌人太多，经常会有人暗算他，所以就把吕布当作自己的贴身侍卫。董卓走到哪里，吕布总是跟着他，两人形影不离，吕布负责保护董卓的生命安全。一次，吕布不小心得罪了董卓，董卓竟然随手用戟向吕布掷去，幸亏吕布眼疾手快，才得以幸免。当时，吕布也不敢直接顶撞董卓，而是立即向他谢罪。董卓见他知错了，也不再追究，没把这件事放在心上。但是，吕布却因此事心怀怨恨。

董卓虽然妻妾成群，但是仍然到处物色女色。一次偶然的机会，董卓看中了吕布手下的一个婢女，为了占有她，董卓借故支开吕布，让他去防守中阁。此后，吕布得知董卓占有自己的婢女后十分气愤，于是就更加仇恨董卓了。吕布私下听说司徒王允要谋算董卓的消息后，不但没有向董卓告密，还主动前往，向王允等人揭发董卓的各种罪状。于是，王允把诛杀董卓的计划告诉吕布，并求他充当内应。开始，吕布不同意这样做，他说："不管怎样，他和我还是父子关系，我去做内应，恐怕不合适吧！"王允劝说他："他姓董，你姓吕，你们又不是骨肉亲情。况且，董卓是人人得而诛之的国贼，你难道还要继续认贼作父吗？他向你掷戟的时候，为什么没有把你当儿子看待？"在王允的不断劝说下，吕布同意了。

一切准备就绪。正逢汉献帝大病初愈，朝中文武大臣都在未央殿集会，恭贺天子恢复健康。吕布借此机会，事先安排亲信骑都尉李肃等人带领十多名亲兵，换上卫士的装束隐蔽在宫殿侧门的两边。董卓刚到侧门，就遭到李肃等人的突袭。董卓大吃一惊，慌忙向吕布呼救，吕布却丝毫不动，并且大声呵斥："你死有余辜！我们是奉诏讨杀乱臣贼子。"董卓只能拼力反抗，但是也无济于事，当场被杀。

"安史之乱"的祸首安禄山

安禄山出生于营州，他的父亲是胡人，母亲是突厥人。安禄山长期生活在北方多民族杂居地，他与史思明一同长大，两人如同兄弟一样，两个人都以凶猛善斗闻名，而安禄山还善于揣度人意，讨好别人。

公元732年，张守珪任范阳节度使，安禄山因偷盗遭追捕者围打，他大声喊道："大人不是想消灭奚、契丹吗？为什么要打杀我这样的壮士？"张守珪见他的言语不凡，于是就释放了他，令他与史思明同为捉生将。安禄山十分骁勇，又熟悉山川地形，所以每次出击都能以少胜多，因此擒获了不少契丹人。后来，安禄山因功擢为偏将，并且深受张守珪的喜欢，被收为养子，升迁为员外左骑卫将军。

后来，御史中丞张利贞任河北采访使，安禄山对他百般谀媚，又以重金贿赂他手下的人，以结私恩。于是，张利贞入朝后，在朝廷上极力称赞安禄山，因此他被授任营州都督、平卢军使、顺化州刺史。安禄山对过往的朝廷使者，都会以重金进行贿赂，使者回朝后都会称赞安禄山，所以他逐渐受到了唐玄宗的青睐。公元742年，唐玄宗任命安禄山为平卢节度使，兼柳城太守、押两蕃、渤海、黑水四府经略使。

安禄山入朝，为了讨得唐玄宗的欢心，他竟然谎奏："去年七月，营州境内出现了害虫食秧苗，臣焚香向天祷告：'臣如果心术不正，对皇上不忠，愿让虫子来吃臣的心；如果臣不负神明，就请这些虫散去吧。'忽然来了一大群红头黑鸟，很快就把虫吃光了。"安禄山编故事绘声绘色，唐玄宗认为他对自己很忠诚，于是就更宠他了。

第二年，朝廷任命安禄山取代裴宽兼任范阳节度使，礼部尚书席建侯为河北黜陟使，因为受了安禄山的贿赂，在唐玄宗面前大力称赞安禄山，裴宽与宰相李林甫也附和称赞。这三人都是唐玄宗最信任的人，他们都称赞安禄山，这让安禄山受宠的地位更加牢固了。在安禄山离京还范阳时，唐玄宗特命中书门下三品以下正员外郎长官、诸司侍郎、御史中丞等官员于鸿胪寺亭子为他饯行，以示看重他。安禄山再次入朝，曾因内宴承欢时，上奏唐玄宗说："臣本是一个贱臣，却受皇上宠荣过甚，臣不能为陛下做什么，愿以此身为陛下死。"安禄山得知杨贵妃很受唐玄宗宠爱，与她搞好关系，这样就对自己更加有利了。尽管安禄山比杨贵妃大十八岁，却甘心做她的养子。

一次，唐玄宗带着太子一起会见安禄山。安禄山见到太子却不下跪拜见，官员们都感到奇怪，有人问他为何不拜太子，他说："臣是藩镇，不懂朝仪，不知太子是什么官？"唐玄宗竟然给他解释说："太子就是储君，我百年之后就要传位于太子。"安禄山假模假式地说："臣很愚钝，只知道陛下，不知太子，臣今当万死。"左右令他下跪，他这才拜太子。

安禄山每次入朝，都是先拜杨贵妃，后拜唐玄宗。唐玄宗感到奇怪，问他为何先拜杨贵妃，他回答说："胡人先母而后父。"安禄山特别肥胖，据说他重几百斤，驿站还专门为他选用骏马，凡驮得五石的马才能给他使用。唐玄宗见他如此肥胖，问他的肚子里都装着什么，他却拍马屁说："其实也没啥东西，只装了对陛下的一片赤心！"逗得唐玄宗哈哈大笑。

安禄山表面上对唐玄宗忠诚，暗中却在做谋反的准备。安禄山以防御敌人为名，在范阳城北筑了长城，里面储藏了很多的兵器和粮食。安禄山为了兼并西北的精兵强将劲旅，奏请让陇右、朔方、河东、河西节度使王忠嗣率兵前来助战，乘机留下其精兵猛将。

唐玄宗十分宠安禄山，命人在长安亲仁坊为安禄山建造新宅，还命宰相前去贺乔迁之喜。当时的安禄山已身兼数职，既任平卢、范阳两镇节度使，又兼任河北采访使、御史大夫、左羽林大将军，又请求任河东节度使，唐玄宗竟然也同意了。唐玄宗特意把河东节度使韩休珉征为左羽林大将军，让安禄山任河东节度使。唐玄宗还赐封安禄山的母亲及祖母皆为国夫人，为他的十一个儿子赐名，长子庆宗为卫尉少卿，加授秘书监、尚荣义郡主；次子庆绪为鸿胪少卿兼广阳郡太守。

唐玄宗给安禄山一家人诸多好处，本意是让他更加忠心，但是这反倒使得他踌躇满志，更加骄恣。安禄山招降纳叛，扩充实力，还招揽了一批有才学的人如高尚、严庄等为幕僚，成为自己的智囊；同时又从行伍中提拔了史思明、安守志、李归仁、蔡希德、崔乾祐、尹子奇、武令珣、田承嗣等智勇兼备的将校，笼络他们，使之为自己的爪牙。安禄山还从同罗、奚、契丹降者中选拔精壮者八千多人，他们皆骁勇善战，打起仗来勇不可当。他还畜养战马数万匹，私下做了数以万计的绯紫袍、鱼袋，以备后用。

安禄山招兵买马，引起了宰相杨国忠的注意，他屡次奏告唐玄宗，说安禄山有造反之态势，但是唐玄宗却不以为然。此后，河西节度使王忠嗣与宰相杨国忠又上告安禄山谋反，起初唐玄宗并不相信，因为他对安禄山恩遇很厚，他认为安禄山不会背叛自己。这时，皇太子也发现了安禄山的不轨行为，也上奏说他准备造反。但是，唐玄宗仍不太相信，但是也不可一听了之，安禄山毕竟是三镇节度使，手握十几万精兵，如果安禄山真造反，那就会很麻烦。

唐玄宗思前想后，最后听信了杨国忠的建议，试召安禄山入朝，以观其变。杨国忠原以为安禄山不敢来长安的，但是安禄山早已经揣知了唐玄宗的真实意图，当他接到要他入朝的手诏后，出人意料地骑快马火速入京。安禄山的这一举动，使杨国忠很难堪，唐玄宗也不信杨国忠说安禄山谋反的话了。安禄山见到唐玄宗后，哭诉着说："臣本是胡人，承蒙陛下的厚恩，官至节制，恩出常人。杨国忠妒忌臣，欲谋陷害微臣，臣死期很近了。"唐玄宗以好言安慰劝解，并加封他为尚书左仆射，赐实封通前一千户，又封其一子为三品官，另一子为五品官，奴婢十房，住宅各一所。

安禄山见唐玄宗对自己的恩宠如故，乘机求官。唐玄宗竟然有求必应，任命他为闲厩、陇右群牧等使。安禄山又求兼总监，唐玄宗又任命他兼知总监事。后来，安禄山就利用职权之便，密派亲信选了数千匹良马进行饲养。安禄山告别唐玄宗回范阳，唐玄宗亲临望春亭给他饯行，临别时还把御衣脱下赐给他，同时又派高力士在长安城东的长乐坡为他饯行。从此之后，凡是朝中有上言安禄山谋反的，唐玄宗皆命将他们送到安禄山处，任其处理。

安禄山这次来长安冒着很大的风险，如果太子和大臣们奏请将他留在京师，他可能会成了瓮中鳖。结果，他被允许离京，于是他便疾驱出关。安禄山平安返回范阳后，仍心有余悸。这时朝廷已形成了外重内轻的军事格局：安禄山所控制的三镇兵力加上兼并了阿布思的数万精兵，总兵力将有二十多万，占全国兵力的三分之一，于是他决定起兵反叛。

公元755年正月，安禄山遣副将何千年奏表朝廷，请求以三十二个蕃将代汉将。唐玄宗竟然又同意了，还命人起草了制书。宰相杨国忠、韦见素上奏唐玄宗，认为安禄山以蕃将代汉将，是要造反的明显迹象。唐玄宗虽不相信，但听从了宰相加封安禄山带左仆射平章事衔，追赴朝廷的建议，将起草制书暂时扣留未发。然后，唐玄宗暗中遣中使辅璆琳以送柑子为名去范阳观察安禄山的动静。璆琳收了安禄山的贿赂，回来后大谈安禄山竭忠奉国之事，唐玄宗信以为真。

安禄山决定反叛后，对朝廷采取了严密的防范措施。朝廷来的使者要见他，他一般称病不出现。即使他要亲自接见，也会派出重兵守卫，戒备森严。唐玄宗命给事中裴士淹宣慰河北，至范阳后过了二十多天，安禄山让武士挟持着他，才草草召见，根本没有臣子的礼节。

杨国忠屡次上奏安禄山谋反，唐玄宗不听，于是他决定用自己的方法激怒安禄山，让他露出狐狸尾巴。杨国忠让京兆尹包围了安禄山在长安的住宅，搜求反状，并逮捕了他的门客李超等，送御史台缢杀。安禄山闻讯后，心中十分恐惧。两个月后，唐玄宗为安庆宗与荣义郡主完婚，手诏安禄山来长安观礼，安禄山怕有去无回，竟然辞病不来。到了农历七月，安禄山突然上表献马三千匹，每匹有二人护送，并由二十二名蕃将押送。朝中大臣怀疑这里有阴谋，建议推迟至冬天再献，并由官府给马夫。

安禄山虽已决计发动武装叛乱，但是并没有立即亮出反唐旗号，他的行动仍然十分隐秘，只有孔目官、太仆丞严庄，掌书记、屯田员外郎高尚，将军阿史那承庆三个心腹知情，其余人一概不知。从农历八月起，安禄山常常犒劳士卒，秣马厉兵，进行战前的准备工作，不知内情的人还感到十分奇怪。农历十一月初六，安禄山突然召集大将们举行宴会，在酒酣耳热之时，他拿出了绘制好的地图，图上标明了从范阳至洛阳沿线的山川形势、关塞要冲，向将领暗示了他的进军路线。安禄山在宴会结束后，给每人赏赐了金帛，并授予一张地图。

安禄山叛乱的准备一切就绪。这时，正好有奏事官从长安回到范阳，安禄山很快伪造了诏书，立即召集诸将，把假诏书展示给大家看，他说："皇上有密旨，令我带兵入朝讨杨国忠，诸将宜即从军。"诸将听了之后，面面相觑，但是没有一人敢有异议。接着，安禄山命范阳节度副使贾循守范阳，平卢节度副使吕知诲守平卢，别将高秀岩守大同，其余将领皆随他出战。安禄山除调动自己的本部兵马外，还征调了部分同罗、奚、契丹人马，总计十五万，号称二十万，连夜出发。

第二天清晨，安禄山出蓟城南，在这里检阅军队，并举行誓师，以征讨杨国忠为名，在军中张榜："有异议煽动军人者，斩三族！"然后，他立即挥师南下。唐玄宗得知安禄山真的反叛之后，才匆忙部署军队平叛。他先命特进毕思琛赴东都，金吾将军程千里赴河东，各自招募数万人抵御安禄山的叛军；接着命安西节度使封常清赴洛阳募兵，加强洛阳守备。几天后，唐玄宗杀了安庆宗，罢免了安思顺朔方节度使职务，并命荣王李琬、金吾大将军高仙芝为正、副元帅，率数万兵出潼关东征，还在各地新设节度使、防御使，以阻止叛军。

安禄山率大军出发，当时唐朝已经很久没有经历过战争了，突然听到范阳起兵叛乱的消息，很多官员吓得魂飞魄散，弃城逃走。叛军经过的地方，有的州县闻风瓦解，有的则开城投降。安禄山大军一路上所向披靡，行进迅速。农历十二月初三，大军已经抵达河南道灵昌郡（今河南滑县）的黄河北岸，第二天就进入河南境内。

安禄山指挥叛军进攻陈留（今河南开封东南），刚上任没有几天的河南节度使张介然仓促应对，守城的兵士没有上过战场，听到叛军的喊杀声，看到他们冲锋的阵势，就吓破了胆，很快就土崩瓦解了。结果，张介然被俘，近万兵士投降。安禄山看到河南道张贴悬赏缉拿自己的榜文，又听说安庆宗被杀了，于是进行了疯狂的报复，他下令把张介然和近万降兵全部处死。随后，安禄山乘胜西进荥阳（今河南荥阳）。荥阳太守崔无波登城拒战，守城兵士一听见叛军的喊叫声，纷纷逃走，崔无波及官将被叛军所虏。安禄山杀了崔无波，留其将武令珣守荥阳，兵锋直指洛阳。封常清率军奋力抵抗，但他手下的兵士都是才招募来的，都没有经过训练，被叛军的铁骑一冲，很快就溃不成军。封常清三战三败，只得丢弃洛阳，西奔陕郡，与高仙芝退守潼关。安禄山命崔乾祐屯兵陕郡，窥视潼关，而弘农、临汝、濮阳、济阳和云中等郡相继陷于叛军之手。

安禄山从范阳起兵，长驱直入，仅用了一个多月的时间就攻占了东都洛阳，并且控制了河北大部地区，河南很多郡县也都归降了。这个时候，朝廷从各地征集的兵马尚未赶到长安，京师的守备十分空虚。安禄山进入洛阳后，忙着进行登基称帝的准备，于是就放慢了攻势，给了朝廷喘息的机会。很快，各地的援兵云集于长安，加强了都城的守备。

洛阳失陷之后，常山（今河北正定）太守颜杲卿与平原（今山东陵县）太守颜真卿起兵讨伐安禄山，并且号召各地响应。河北的老百姓难以忍受叛军的残暴行为，开始自发组织队伍，多者几万，少者万人，抵抗安禄山的叛军进行自保。此时，唐朝的大将郭子仪、李光弼率领朔方军出师河北，屡战屡胜，很多民众武装也参加到他们的大军中。河北十多个郡杀死了叛军守将，重新归顺唐朝，切断了安禄山军队与大后方的联络，使叛军的将士开始动摇，安禄山一度想放弃洛阳逃回老巢。

原本很快就能平定叛乱，但是杨国忠猜忌驻防潼关的哥舒翰，不采纳他据险坚守的策略，还拒绝了郭子仪、李光弼引兵北取范阳覆敌巢穴的建议，他不断怂恿唐玄宗下令让哥舒翰出兵收复洛阳。结果，哥舒翰被迫出兵，被打败，潼关陷落，长安震动。唐玄宗仓皇逃往成都，行至马嵬驿（今陕西兴平西），将士哗变，杀了杨国忠，迫使唐玄宗缢杀杨贵妃。

安禄山派遣部将孙孝哲攻入长安，自己仍留洛阳。安禄山叛军在长安杀了很多官员和他们的家属；投降的官员则被迁到洛阳，授以官爵。叛军还大肆搜刮民财，老百姓叫苦不迭，日夜盼望唐朝军队的到来。一些老百姓自发组织起来，暗杀叛军官吏，使叛军穷于应付，叛军连长安西门以外都控制不住。叛军将领日夜纵酒享乐，没有进取之意，这给了唐军得以重整军备、调集重兵的机会。

安禄山原本患有眼疾，自起兵以来，视力减退更加厉害，至此双目失明，看不见任何物体。同时，安禄山还患有疽病，这使得他的性情更加暴躁，对左右侍从稍不如意，非打即骂，稍有过失就会被杀掉。安禄山称帝之后，常居深宫，诸将很少能面见他议事，大多都是通过严庄转达。严庄虽受安禄山宠信，但是时常遭到安禄山鞭挞。宦官李猪儿服侍在安禄山左右，挨打最多，怨气也最大。安禄山宠幸的段氏，生了一个儿子名叫庆恩，安禄山很宠爱他，常想以安庆恩取代安庆绪的太子位。安庆绪时常担心被废掉，在安禄山身边的严庄也恐怕宫中发生事变，对自己不利。于是严庄与安庆绪、李猪儿串通，准备谋杀安禄山。

公元757年正月初五晚上，严庄与安庆绪、李猪儿悄悄进入安禄山的寝宫。侍卫见是严庄和安庆绪，谁也没有怀疑。严庄、安庆绪持刀站立在帐外，李猪儿手持大刀直入帐内，对准安禄山腹部猛砍一刀，安禄山很快就死了。安庆绪在其床下挖了一个数尺深坑，用毡子裹着安禄山的尸体，连夜埋在坑中，并诫令宫中严加保密。第二天早晨，严庄对外宣告：安禄山病死，立下遗诏立安庆绪为太子，军国大事皆由太子处分。安庆绪随即即帝位，尊禄山为太上皇，然后发丧。

唐朝派郭子仪、李光弼等九节度使统兵二十余万，后来增至六十万，讨平安庆绪叛军。起初，官军的声势很大，但是没有统一的指挥，初期还有进展，包围了邺城。很快，叛军史思明率兵来援，唐军六十万人溃败于邺城下。然后，史思明杀了安庆绪，带军回到范阳，自称为大燕皇帝。史思明后来又攻占了洛阳，与唐军相持一年多。

公元761年农历二月，李光弼攻打洛阳，结果失败。农历三月，史思明被其子史朝义杀了，叛军内部开始离心，屡被唐军所败。次年农历十月，唐朝借回纥兵收复洛阳，史朝义逃奔莫州（今河北任丘北），后来又逃往范阳，为其部下所拒，无奈之下只好自杀。历时七年两个月的安史之乱至此方告平定。

安史之乱是唐朝由盛而衰的转折点。虽然战乱平息了，但是安禄山、史思明部将的势力并没有被消灭，藩镇割据的局面也由此形成。唐朝的中原地区，因为战乱遭到了严重的破坏，这场战争也使唐朝的国力大为削弱，唐朝的全盛时代也从此结束了。

完颜亮叛主夺位

完颜亮是金太祖完颜阿骨打的孙子，他的父亲是金太祖的庶长子，他的母亲是渤海王室后裔，汉文化修养很高。完颜亮很小的时候，就开始跟随母亲学习汉文化，他小时候还有一个名字叫孛烈，意思是长得像汉族少年。完颜亮少年时和哥哥完颜充一起拜临潢的汉族儒生张用直为师，学习汉族的儒家经典。完颜亮热爱汉族的诗词，他自己诗词歌赋无所不通。

完颜亮十八岁的时候，金熙宗任命他为奉国上将军，去梁王宗弼那里效力。这个时候的完颜亮，少年得志，作战勇敢，身先士卒，再加上他足智多谋，很快就受到宗弼赏识，被升职为行军万户，后来又升为骠骑上将军。

宗弼带领完颜亮等过汝阴（今安徽阜阳）时，他看到汝阴因战乱而导致土地荒芜，人民流离失所，于是创作了一首七律诗《过汝阴作》，用洗练的文字描绘了当时所见的荒凉破败景象：

"门掩黄昏染绿苔，即回踪迹半尘埃。

空庭日暮鸟争噪，幽径草深人未来。

数刃假山当户牖，一池春水绕楼台。

繁花不识兴亡地，犹倚栏干次第开。"

在金熙宗皇统四年之前，完颜亮一直官小位卑，并没有引起人们的注意。完颜亮对于金熙宗铲除朝廷中的旧势力，改革女真族人的风俗，都十分支持。但是，当初金熙宗以太祖嫡孙的身份继帝位时，完颜亮却十分不满，他认为自己的父亲是太祖的长子，自己也是太祖的孙子，理应都有继帝位的机会。所以，完颜亮一直心里想取代金熙宗。

金熙宗统治的前期，金朝和南宋议和，彼此之间没有战事，北方地区的社会生产开始得到恢复和发展，金朝的社会逐渐趋于安定。金熙宗对于宗室大臣极其看重，都委以重任，他在文治武功方面也有值得称道的地方，这时完颜亮想夺取帝位是很难的。但是，金熙宗出行就要开路清道、警卫森严，回宫就深居内廷，大臣们有时候很难相见，所以完颜亮在外面有些小动作，也不易被发现。完颜亮的城府极深，他一方面竭力取得金熙宗的信任；一方面又暗中勾结反对金熙宗的各派势力，等待时机。

公元1144年，完颜亮被金熙宗封为龙虎卫上将军，受命到宁城西大明城留守，后来被升为光禄大夫。这个时候，他开始为夺权进行积极的筹划活动。完颜亮在任中京留守期间，开始建立自己的势力，四处搜罗、培植党羽。这个时候，他找到了最得力的心腹——萧裕。萧裕，奚族人，他为人阴险狡诈，胆大妄为，完颜亮到中京后，便与他成为知己。萧裕在与完颜亮的频繁交往中，知道他想夺取帝位，于是便说："大人的父亲是太祖的长子，德高望重，人心天意所归。如果大人有志于成大事，小人愿竭力相助，誓死不辞。"张忠辅也是完颜亮的心腹，他为完颜亮制造舆论，鼓吹夺权，他曾对完颜亮说："我梦到大人与金熙宗击球，大人乘马向他冲过去，他坠到了马下。"完颜亮听了心里大喜。完颜亮还拉拢了许多文人雅士，杨伯雄、萧永祺等深得完颜亮器重。

完颜亮任中京留守期间，做出了一番业绩。前任中京留守道济被金熙宗杀了，后来的继任者十分骄横，只一心搜刮财物，结果被金熙宗罢了官。前两任官员都很无能，这就更显示出完颜亮的才能，这也使他从地方被调到朝廷，并得到快速的升迁。完颜亮因故出领行台尚书省事，路过北京，与时任同知北京留守的萧裕秘密策划发动兵变。两人约定完颜亮在河南兴兵称帝，然后占领河南、河北，再举兵北上。后来，因为事情有了变化，完颜亮没有举事。

完颜亮被金熙宗召回京城，升为尚书左丞，他又开始在朝中搞阴谋篡权。但是，完颜亮很善于伪装，他在金熙宗面前尽力侍奉。一天，金熙宗向完颜亮提及先辈的功绩和创业的艰难，他听后"感动"的呜咽流涕，并一再表示坚决忠诚于皇上，愿意尽心尽职来护卫祖上基业。他的演技让金熙宗认为他十分忠心，从此对他更加信任了。

另一方面，完颜亮利用自己手中的权力，开始在朝廷安插亲信，广植党羽。他的亲信高怀贞则被任命为尚书令史；哥裕先被提拔为兵部侍郎，不久又被升为同知北京留守。完颜亮还在朝中竭力拉拢文武官员，他在任宰相的时候，推荐大臣的子孙任重要的官职，例如他提拔擢宗弼爱婿纥石烈志宁，使他从一名护卫升为右宣徽使，出朝放为汾阳军节度使，入朝升为兵部尚书，改左宣徽使、都点检，又升为枢密副使、开封府尹；早年的时候，完颜亮与蔡松年在宗弼军中任事，他们便互相利用，来往密切，关系很深。后来蔡松年因构陷田珏党事，在朝廷中很有影响，与完颜亮相呼应。

完颜亮对于那些敢于直言不讳、不屈从于自己的官员也比较赞赏，积极拉拢。刘仲海是一名小小的翰林，完颜亮任宰相时，对待下属非常严厉，众多官员应对时经常因为十分慌乱而语无伦次，唯独刘仲海能够从容对答，毫无惧色。因此，完颜亮很赞赏他。完颜亮对于不受笼络的官员并不打击报复，而是一并容纳，显示出他有一定的气度。

一天晚上，阿什河一带突然刮起龙卷风，暴风雨酿成灾害。金熙宗面对大自然的变化，以为是上天示警，于是想下罪己诏。翰林学士张钧起草了《奉答天戒，当自贬损》的诏文，参知政事萧肄对诏文中的一些词句十分不满，于是摘来一些文字进行解释，参奏张钧借机诽谤圣上。金熙宗信以为真，赐死了张钧，然后又追查是谁指使他干的，左丞相宗贤乘机弹劾完颜亮，说他参与了此事。完颜亮因用人不当，被金熙宗贬职，出领行台尚书省。完颜亮路过北京时，在这里会见了萧裕，密谋了迅速夺取帝位的计划。完颜亮走到良乡时，却突然接到金熙宗的诏令，要他返回京城。完颜亮心里忐忑，摸不准金熙宗到底是什么意思，也不知道自己回去后会面对怎样的局面。完颜亮在忐忑不安的归途中，住在一处驿站，见到一丛孤竹，触景生情写下了名目为《驿所》的诗：

"孤驿潇潇竹一丛，不闻凡卉媚东风。

我心正与君相似，只待云梢拂碧空。"

这首诗表达了他当时复杂的心情，他既感到天威难测，自己孤立无援；同时又心高气傲，不肯屈从、准备伺机实现大业。

完颜亮回到京城后，金熙宗仍任命他为平章政事。这次大难不死，也促使他加快了夺取皇权的步伐。

金熙宗皇统末年，支持他进行改革的宗干、宗弼相继去世。金熙宗失去了两位重要的辅佐之臣，朝廷内部矛盾重重。同时，金熙宗的两个儿子先后死去，皇位没有了继承人，金熙宗因此闷闷不乐，整天沉溺于酗酒玩乐。悼平皇后趁机干政，勾结朝中大臣，控制了金熙宗。金熙宗虽然很不满，但是又无能为力，因而变得喜怒无常，他经常随意打杀大臣和妃嫔，让朝中文武大臣人人自危。

金熙宗的恶行给完颜亮发动政变以可乘之机。在朝臣中，秉德、唐括辩、乌带等人也有废除熙宗另立新君之意。秉德是宗翰之子，年轻时被金熙宗拜为丞相，后来因未勤于政事被授命为平章政事。后来，朝廷议论将辽阳、渤海的民户迁往燕南，秉德和左司郎中萨哈提出主张并主持讨论。金熙宗的近侍高寿星是渤海人，家住辽阳，按规定要举族南迁。高寿星的家族却不愿南迁，他就到悼平皇后面前哭诉。悼平皇后故意激怒金熙宗，并诬陷秉德徇私枉法，目无圣上。金熙宗因此大怒，下令将左司郎中萨哈斩首示众，并杖打了秉德。秉德无故受到刑罚，内心十分愤恨，于是他就联络了被金熙宗杖责过的驸马都尉唐括辩、大理寺卿乌带等图谋废掉金熙宗。乌带与完颜亮有交往，他知道完颜亮窥视帝位，于是便将与秉德等人的谋划告诉了完颜亮，完颜亮遂与他们联合了起来。

完颜亮与秉德、唐括辩、乌带等人经常在一起商量废掉金熙宗的事情。一次，完颜亮试探着问唐括辩："我们这些人危在旦夕，如果真的废除了现在的皇上，谁来继任皇帝呢？"唐括辩说："胙王常胜可以继位。"完颜亮接着问："其次还有谁可以做皇帝？"唐括辩回答："邓王的儿子阿懒。"完颜亮听了之后，一脸的不以为然。唐括辩见状，问他道："大人，难道有当皇帝的想法吗？"完颜亮神秘地笑了笑，过了一会儿，说："如果实在没有人选了，我也愿意当！"胙王常胜是金熙宗皇弟，当时正留守北京，他为人宽厚大度，在朝中大臣中有极高的声望。邓王的儿子阿懒年轻有为，是武将中的佼佼者，他因为战功显赫被金熙宗器重，封为奉国上将军。完颜亮见秉德、唐括辩没有拥立他为帝的意思，便开始仇恨常胜、阿懒，时刻准备寻找时机除掉他们。

护卫将军特思发现完颜亮与秉德、唐括辩等人频繁交往，于是心生怀疑，他还特地向皇后密告："唐括辩与完颜亮等一干，经常悄悄聚在一起，不知道在议论什么。"皇后慌忙将此事告知金熙宗。金熙宗召来唐括辩，问他："你和完颜亮背着我议论什么？你们打算做什么？"唐括辩没有承认任何事，皇上就在朝堂上将他杖打了一顿。完颜亮等人心

229

里十分慌乱，他们对特思恨之入骨，但是金熙宗却没有多想，也对其他人未采取进一步的行动。

不久之后，河南有一个士兵名叫孙进，他竟然大胆自称是金熙宗的皇弟按察大王，鼓动驻屯河南的军士哗变，朝野得知消息后，大为震惊。金熙宗急忙调遣诸路兵马前往镇压，金熙宗的皇弟只有常胜和查刺，完颜亮见有机可乘，便开始借刀杀人。完颜亮上书金熙宗，参奏常胜、查刺为乱党的同谋，图谋不轨。金熙宗命特思去审讯他们，但是因为查无实据，特思就上报金熙宗，宣称两位皇弟无罪。完颜亮并没有就此罢休，他转而诬奏特思徇私枉法。金熙宗听信了完颜亮的一面之词，十分恼火，将特思打入死牢，将常胜、查刺处死。完颜亮趁热打铁，又构陷阿懒和他的弟弟，金熙宗也将二人处死。

公元1149年，金熙宗杀了悼平皇后，召已故皇弟的胙王妃入宫。完颜亮认为这是金熙宗清除皇后党羽的信号，于是加快了他夺权的步伐。大兴国是金熙宗寝殿的近侍，也是金熙宗的亲信，并充任近侍局直长，执掌宫殿的符钥。完颜亮要发动政变，必须先得到内应，方可伺机入宫行事。一次，大兴国无端被皇上杖干，完颜亮利用大兴国冤屈的心理，通过省令史李老僧与他交结。不久，完颜亮知道大兴国已有叛心，可以与他一起谋划，便将他召至自己的卧室，对他说："皇上无故杀了常胜，杀了皇后，把常胜的家产赐给阿懒，不久又杀死阿懒，再把他的财产赐给我，我十分害怕，怎么办呢？"他接着说："满朝文武都危在旦夕，难以自保。上次，我过生日的时候，因为皇后赐给我礼物，您就被皇上杖责，我也被皇上怀疑。皇上曾说一定要杀了你，我担心我们两个人都离死不远了。我们这样与其等死，不如奋起推翻他。我和几个大臣都议定举事，您以为如何？"大兴国立即表示同意，他对完颜亮说："正像大王所说的，事情已经很紧急，我们不能再等了。"两人便约定农历十二月九日晚上起事。

完颜亮为了寻找政变的支持者，千方百计交结与自己父亲有亲近关系的人。仆散师恭，完颜亮的父亲对他有提拔之恩。完颜亮想让他做内应，便对他说："我有一句话很久以前就想告诉你，但又怕你泄露给别人，没敢说。"仆散师恭说："我除了身上的肉之外，所有的一切都是老太师所赐，如果能对您有所用处，万死不辞。"完颜亮说："皇上失道，我将要行废立大事，必须得到你的帮助。"仆散师恭当即答应，成了完颜亮发动政变的得力助手。徒单阿里出虎任金熙宗寝殿护卫十人长，完颜亮为取得他的支持，许诺把自己的女儿嫁给他儿子，并把密谋告知徒单阿里出虎。阿里出虎是个凶暴的人，听说要废了金熙宗，很高兴，他说："您怎么现在才说这样的话？只有废立之事才是男人干的。"此外，完颜亮还联络了自己的妹夫特厮。

公元1149年农历十二月初九，唐括辩的妻子代国公主为她的母亲悼平皇后做佛事，住在寺中。当晚，完颜亮、秉德等人到唐括辩家，等待大兴国出宫。唐括辩摆下酒宴，众人因紧张都吃不下。到了晚上，他们把刀藏在衣服里，一个个进入皇宫。侍卫认识唐括辩，知道他是驸马，所以丝毫没有疑心，就让他们进去了。他们到了殿门时，值班的护卫发觉了，唐括辩便举起刀威胁他，使他不敢乱动。

二更的时候，大兴国打开金熙宗寝殿的大门，假传圣旨说皇上召完颜亮等人进去，完颜亮、秉德、唐括辩、徒单贞、李老僧等人蜂拥而入。刚开始，金熙宗听到外面的脚步声，呵斥了几声，这些人吓得站在原地，不敢动弹。有人说："事情到了这一步，不进去怎么行？"众人便一拥而入，阿里出虎先向金熙宗砍了一刀，有人接着砍了一刀，金熙宗顿时倒地。完颜亮跟上去又补了一刀，金熙宗便死在乱刀之下。

这些人杀了金熙宗之后，立谁为新帝却拿不定主意。仆散师恭说：

"开始的时候，就说好了拥立平章政事（指完颜亮），现在有什么可迟疑的呢？"他将完颜亮请上宝座，这些人就全部跪下来，齐声称万岁。第二天，完颜亮以商议金熙宗立后为名，召曹国王宗敏、右相宗贤来商议，然后就杀了他们两个。

此后，完颜亮召集朝中的文武大臣，向他们宣布金熙宗是个无道的昏君，已经被诛杀了，由自己继皇帝位，改皇统九年为天德元年。

叛将吴三桂再兴"三藩之乱"

在清军入关前，明朝大臣吴三桂、孔有德、尚可喜、耿仲明四人就已经投降清朝了，他们几个人在消灭李自成、张献忠的农民起义军和南明政权的作战中屡立战功，先后被清朝皇上封王：吴三桂被封为平西王，孔有德被封为定南王，尚可喜被封为平南王，耿仲明被封为靖南王。后来，孔有德父子在桂林与南明军作战时，兵战身死，他们没有后人可以继承爵位，所以四王就只剩三个了。清军进入北京之后，为了能够尽快统一全国，统治者决定采取以汉制汉的政策，大量起用明朝的降将，吴三桂等人是其中被委以重任的汉人。

康熙元年，清廷为了稳定东南和西南地区的形势，命吴三桂、尚可喜、耿继茂（耿仲明之子）分别镇守云南、广东、福建，史称三藩。此后，三藩各自拥有重兵，权势快速扩张。云南、广东、福建三地的官吏要受他们节制；他们任命官吏、将领，清廷的吏部和兵部不能进行干涉；他们使用经费、军饷，户部不能进行查核；他们对朝廷的政令和旨谕，多采取敷衍或阳奉阴违的态度。这样，清朝与三藩的矛盾日益尖锐。

康熙亲政之后，把处理三藩当作自己必须要做的三件大事之一，并且写成条幅贴在宫柱上，决心伺机裁撤三藩。康熙熟读史书，深知西汉的七国之乱、西晋的八王之乱等，都导致国家战乱不断、国力大衰，而这都是封王设藩酿成的苦果。吴三桂与历史上的诸侯王相比，有过之而无不及，他已经完全具备了与清廷抗衡的综合实力。所以，撤藩已是一件迫在眉睫的事情。

康熙有了撤藩的打算后，吴三桂在云南开始加紧部署起兵。后来，吴三桂接到了撤藩的诏书，立即召集部下商讨对策。经过周密的商议，吴三桂制定了两个应急方案：首先一条是控制各交通要道，并且下达了只许入不许出的紧急命令；另一条措施也在紧锣密鼓地实行，而这是为了麻痹康熙，让他安心，免得他对云南放心不下。吴三桂经过仔细的思考，为了让康熙相信自己，还得演一番戏。他以迷恋财物为幌子，掩盖他不可告人的政治阴谋。吴三桂给朝廷写了一道奏疏，里面写道："臣的部下官兵家人，三十年来，承蒙皇上豢养的天恩，子孙后代一日比一日多。臣恳请皇上赐拨一些地方，以便安插他们，如果能在锦州一带更好，臣的部下都希望能得到皇上的浩荡天恩。"康熙帝看了这个奏疏之后，就开始猜度吴三桂的真实意图。

1673年，尚可喜向朝廷提出告老回乡，由儿子尚之信袭爵驻镇，康熙借此机会，以广东已被平定、父子宗亲不必分离为由，诏令尚可喜的藩官士兵及家属全部撤回辽东。吴三桂、耿精忠（耿继茂之子）得知此讯，非常不安。他们为了试探康熙的撤藩决心，分别于农历七月初三和农历七月初九向朝廷提出撤藩的请求。清廷的大多数官员都担心撤藩会引起战乱，导致时局动荡，所以主张不要撤藩。康熙则认为吴三桂等人蓄谋已久，撤藩会反叛，不撤藩也会反判，所以不如先发制人，康熙毅然下令撤藩。康熙还命礼部侍郎折尔肯等大臣分赴云南、广东、福建，处理撤藩的事宜。吴三桂接到撤藩诏书，既惊又怒，决心举兵谋反。

清廷派大臣来到云南，吴三桂却假称自己已经离开云南，但是却暗中开始调兵遣将，控制重要的关隘，部署士兵。云南巡抚朱国治受邀赴宴，吴三桂逼他跟随自己一起反清，朱国治断然拒绝后，被吴三桂打死。吴三桂召集四镇十营总兵马宝、高起隆、刘之复、张足法、王会、王屏藩等听从调遣，自称为天下都招讨兵马大元帅，分别封郭云龙以及自己的女婿、侄儿等人为云南总管、金吾左、右、前、后将军，让方光琛执掌吏曹，然后下令所有百姓蓄发易服。

吴三桂还扣留了朝廷的使臣，凡不愿与自己一起造反的，一律诛杀。他还写信给平南、靖南二藩及黔、蜀、楚、秦等地官吏中的旧部，约他们一起反清，并且相约打出白色的旗帜，步兵和骑兵戴的都是白毡帽。吴三桂的先驱马宝，先来到贵阳，提督李本深就开始响应。吴三桂反清起兵的消息传到总督甘文焜那里，甘文焜马上派人骑快马赶往荆州，把这个消息告知川湖总督蔡毓荣与经理撤藩事务的郎中党务礼、员外郎萨穆哈等，让他们回京禀报吴三桂兵变的消息。镇远副将江义得到甘文焜的信，则领兵包围了甘文焜的住处，甘文焜自刎而死。贵州巡抚、黔西总兵、沅州总兵等投降了吴三桂，沅州、辰州被吴三桂占领。

很快，吴三桂大军由贵州攻入湖南，连下沅州（今湖南芷江）、常德、岳州（今湖南岳阳）、衡州（今湖南衡阳），并积极开展拉拢活动，煽动明朝降将一起反清。福建耿精忠、台湾郑经、广东尚之信、广西将军孙延龄、提督马雄、四川巡抚罗森、提督郑蛟麟、陕西提督王辅臣、襄阳总兵杨来嘉等数十名地方大员相继开始反清。

康熙面对极为严峻的形势，审时度势，制定了剿抚兼施，各个击破，先除两翼，再主攻吴三桂的主力的作战方针。康熙为集中打击吴三桂，下令停撤耿精忠、尚之信二藩；命内大臣希尔根领兵赴广西，切断吴、耿两军的联系；命顺承郡王勒尔锦、刑部尚书莫洛分赴荆州、陕西，阻击吴军由湖南和四川北上；这些措施初步扼制了吴军的攻势。

康熙十三年四月，吴三桂释放使臣折尔肯等，转递了要求与清廷划黄河或长江为界的奏章。康熙却不予同意，并处死吴三桂之子吴应熊和长孙吴世霖，表示平叛的决心。吴三桂的儿孙被杀，打碎了他议和的想法，于是他决心与清军决一死战。六月，康熙分兵讨伐吴三桂。当时，吴三桂已占领云南、贵州、湖南三省。由于吴三桂广树党羽，与猓猡部落关系友好，猓猡也出兵为吴三桂助战。福建、广西、四川、陕西等地的总兵和提督都积极响应吴三桂，以自己统辖的地区为根据地反清。这样的形势，对于吴三桂来说是一个非常难得的机会，但是他并未及时联合各路兵马一起行动，而是分散兵力进攻，这也就注定了他要失败。

陕西提督王辅臣劝甘肃提督张勇一起反清，并将吴三桂的信给他看，张勇斩了使者，断然拒绝反清。这个时候，清廷分别派兵攻打吴三桂，同时进攻岳州。吴三桂派兵与清军对抗，又分兵攻打江西，一路攻克了都昌、萍乡、安福、上高、新昌等地。吴三桂大军死守萍乡，为了守住长沙，在醴陵筑城防御，在岳州城外挖掘壕沟和陷阱，在洞庭峡口打木桩阻挡舟舰，为阻挡骑兵还设下很多鹿角。吴三桂还从常德来到松滋，截击清兵，使其不能相互接应。吴三桂还声东击西，扬言要炮攻荆州决堤灌城，结果却分出岳州的兵，朝宜昌东北方向进军，很快占领了镇荆山。之后，吴三桂又攻掠了谷城、郧阳、均州、南漳等地。

此时，吴三桂的攻势不减，但是整个战局仍是清兵处于攻势，吴三桂处于守势。公元1676年，吴三桂率兵攻打广东，大理知府冯苏投降了吴三桂。同时，清廷派兵攻打南昌，攻克萍乡，夏国相兵败逃走，清军乘胜出击，相继收复了醴陵、浏阳，然后对长沙发起攻击。吴三桂从岳州调兵遣将，攻克了吉安，将清军围困在螺子山，然后一鼓作气攻下新淦屯、泰和、醴陵、萍乡，断绝了清军的后路。吴三桂从松滋移驻岳麓山。

当吴三桂与清军在湖南、江西的战场相持时，陕西的叛军连获大捷。起初，吴三桂曾给握有兵权的王辅臣写信，要他一同反清，但是王辅臣拒绝了。后来，王辅臣见吴三桂的势力越来越大，便向吴三桂投降了，他与吴三桂的部下王屏藩结盟，攻城略地，占领了陕西、甘肃、宁夏一带，这让清廷大为震惊，立即决定进行反击。清军进攻陕西之后，王辅臣被朝廷招降了。吴三桂的得力干将吴之茂被清军张勇打败，仓皇逃回四川。清军乘胜进攻福建，吴三桂诱杀孙延龄，但是广西的地盘已非他所控制了。

第二年，清军攻打江西吉安，吴三桂多次派兵进行增援，康熙则命征南将军穆占从岳州进兵，与安亲王一起夹攻长沙。这个时候，吴三桂顾不上吉安了，吉安再也无力支持，守军将领韩大任弃城逃走。吴三桂从岳麓山迁到衡州，想进行最后的挣扎，他派出军队进攻江西南安、广东韶州，并协助吴世琮攻掠广西，目的是想分散清军的力量。

康熙针对各路叛军战斗力强弱不一，叛乱坚定程度不一的特点，决定对叛军进行分化处理，对东西两翼战场的叛军主要采取剿抚并用的手段；对吴三桂则以平叛为主。吴三桂的养子、陕西提督王辅臣叛乱后，康熙立即派其子王潍贞送专敕进行招抚。吴三桂得知消息后，怕王辅臣态度发生变化，先是派人送去犒银二十万两，暗地还从四川派兵前往陕西应援，以此来坚定王辅臣的反清立场。康熙调集兰州提督张勇、总兵赵良栋、王进宝等，以优势兵力进剿，将王辅臣的人马分别合围于平凉、固原（今属宁夏）。此后，清军围攻了一年多，仍然没有击破叛军。康熙又采取招抚的手段，令抚远大将军图海接受王辅臣的请降。康熙十五年六月，王辅臣率众归降，康熙恢复了王辅臣的官职，并加授太子太保，鼓励他立功赎罪。

同时，康熙决定招抚东翼战场的耿精忠。他认为耿精忠与吴三桂不同，吴三桂是铁了心要反叛，耿精忠则是无知从叛。因此，康熙将吴三桂的儿子、孙子处死时，并没有对耿精忠的几个弟弟下手。清朝将军杰书在闽浙前线加强军事进攻的同时，不断进行招抚。郑经乘耿精忠的主力在浙江、江西前线作战之机，派兵攻占了福建的漳州、泉州等地。郑经和耿精忠之间矛盾因此变得尖锐起来。清军利用这个机会，大举进攻福建，连克建宁、延平（今南平），直逼福州；并且遣使劝降耿精忠。耿精忠两面受敌，也无力再战，于是在福州向清军归降。清军乘胜进军福建南部，郑经战败，只好退守厦门。福建、浙江的叛乱基本平定。

耿精忠降清之后，广东的尚之信开始动摇了。他发现吴三桂并不信任自己，于是向清朝的扬威大将军喇布请降。康熙免了尚之信的罪，准其袭平南王位。吴三桂得知广东归降清朝后，立即下令部将马宝、胡国柱由湖南攻打广东，尚之信率军抵抗。江西的清军及时来援，大破吴三桂军。广东的叛乱基本平定。

清廷还招抚了广西的孙延龄，孙延龄也有了归降的念头。吴三桂得知消息后，派自己的孙子吴世琮进兵桂林，诱杀了孙延龄。不久，孙延龄部将刘彦明杀了吴三桂在桂林的守将李廷栋，然后归降清朝。广西大部也为清军占领。

康熙的招抚手段起到了作用，他剪除吴三桂的两翼，派主力对付叛军的中坚力量吴三桂军。他命大将军岳乐从江西进攻湖南，吴三桂亲率主力回援，清军被迫退回江北。吴三桂为摆脱三面被围的困境，率军退往衡州、宜章。康熙命征南将军穆占进攻衡州，堵住吴三桂的后路。吴三桂为了鼓舞士气，在衡州称帝，建元昭武，立国号周。吴三桂并不想就此善罢甘休，他派人到蒙古，恳请他们出兵援助，但蒙古拒绝了他的请求。不久，吴三桂病死，他的孙子吴世璠继位。

清军为了打破战场上的僵局，由水陆两路夹攻岳州。很快，清军收复岳州，叛军退往云南和贵州。清军又兵分三路，由湖南、四川、广西进攻云贵。由湖南进入贵州的清军由大将军彰泰率领攻占贵阳，吴世璠逃往昆明；由广西进入贵州的清军，由大将军赖塔率领，连克安隆所

（今贵州安龙）、黄草坝（今贵州兴义），与彰泰军会师于云南曲靖。

随后，清军的两路大军进逼昆明，在城外归化寺扎营。吴世璠派部将胡国柄率兵在昆明城外迎战清军。清军勇猛出击，大破吴军，斩了将领胡国柄、刘起龙等人，然后包围了昆明。吴世璠急令大将马宝由四川回援昆明，清军将领赵良栋等乘势追击，会同清都统希福军在乌木山歼灭了马宝军。赵良栋率部由四川进入云南，与其他两路清军在昆明城下会师。清军日夜攻城。先后攻克银锭山、重关、太平桥、玉皇阁等重要据点。吴世璠急忙率兵出城迎战，结果被打败。这个时候，吴军已经没有了军粮，军心动摇。吴将余从龙、吴成鳌出城投降，清军还不断攻城，吴世璠知道败局已定，于是服毒自尽。吴世璠的部将率军开城投降。

至此，历时八年的三藩之乱被彻底平定。

参考文献

刘兴雨，《追问历史》，天津古籍出版社，2003年版

朱耀廷，《中国传统文化通论》，北京大学出版社，2005年版

王宇，《读史有心机》，中国三峡出版社，2006年版

汪大海等，《中国历史名人传记》，中国社会出版社，2006年版

唐忠民，《读历史有心得》，海潮出版社，2007年版

毛佩琦等，《历代顶级文臣丛书》，花山文艺出版社，2007年版

姜国柱等，《历代顶级名将丛书》，花山文艺出版社，2007年版

陈天璇，《历史可以这样读》，新华出版社，2008年版

诸葛文，《中国历代秘闻轶事》，京华出版社，2009年版

迟双明，《历史其实很有趣》，中国纺织出版社，2011年版